CME

Teacher's Book 教师用书

3rd Edition

Simplified Character Version 简体版

CHINESE Made Easy 轻松学汉语

Joint Publishing (H.K.) Co., Ltd.
三联书店（香港）有限公司

Chinese Made Easy (**Teacher's Book 4**) (Simplified Character Version)

Editor Guo Yang
Cover design Arthur Y. Wang, Zhong Wenjun, Wu Danna
Graphic design Wu Danna
Typeset Yang Lu

Published by
JOINT PUBLISHING (H.K.) CO., LTD.
20/F., North Point Industrial Building,
499 King's Road, North Point, Hong Kong

Distributed by
SUP PUBLISHING LOGISTICS (H.K.) LTD.
3/F., 36 Ting Lai Road, Tai Po, N.T., Hong Kong

First published September 2003
Second edition, first impression, September 2007
Third edition, first impression, March 2018

E-mail:publish@jointpublishing.com

轻松学汉语（**教师用书四**）（**简体版**）

责任编辑　郭　杨
封面设计　王　宇　钟文君　吴丹娜
版式设计　吴丹娜
排　　版　杨　录
出　　版　三联书店（香港）有限公司
　　　　　香港北角英皇道 499 号北角工业大厦 20 楼
发　　行　香港联合书刊物流有限公司
　　　　　香港新界大埔汀丽路 36 号 3 字楼
印　　刷　美雅印刷制本有限公司
　　　　　香港九龙观塘荣业街 6 号 4 楼 A 室
版　　次　2003 年 9 月香港第一版第一次印刷
　　　　　2007 年 9 月香港第二版第一次印刷
　　　　　2018 年 3 月香港第三版第一次印刷
规　　格　大 16 开（210 × 280mm）176 面
国际书号　ISBN 978-962-04-4304-6

目 录

前 言

关于教材

《轻松学汉语》系列（第三版）是一套专门为汉语作为外语/第二语言学习者编写的国际汉语教材，主要适合小学高年级学生、中学生使用，同时也适合大学生使用。

本套教材旨在帮助学生奠定扎实的汉语基础；培养学生在现实生活中运用准确、得体的语言，有逻辑、有条理地表达思想和观点。这个目标是通过语言、话题和文化的自然结合，从词汇、语法等汉语知识的学习及听、说、读、写四项语言交际技能的训练两个方面来达到的。

本套教材遵循汉语的内在规律。其教学体系的设计是开放式的，教师可以采用多种教学方法，包括交际法和任务教学法。

本套教材共七册，分为两个阶段：第一册至第四册是第一阶段，第五册至第七册是第二阶段。第一册至第四册课本和练习册是分开的，而第五册至第七册课本和练习册合并为一本。

关于教师用书

为了帮助教师轻松有效地备课，指导课本教学，我们编写了《轻松学汉语教师用书》。

本《教师用书》的主要内容包括：

- 教学目标　列出了每课的教学目标，方便教师把握学完一课学生要掌握哪些内容。
- 教学重点　列出了每课的生词重点、短语重点、语法重点和交际重点。
- 教学提示　对主要的语法点进行讲解，给出语法点结构、示例和注意事项，帮助教师把握语法内容。
- 教学流程　提供了课本内容教学顺序的先后建议，教师也可以根据实际教学需求灵活调整教学顺序。
- 教学建议　提供了生词、课文和练习的详细教学建议，操作性强，教师可以参考建议中的方法开展教学。
- 补充练习　教师可以根据学生的实际水平决定是否进行扩展练习。
- 参考答案　为有固定答案的习题及部分开放式习题提供参考答案，方便教师使用。

我们建议教师从实际情况和教学经验出发进行教学，不必拘泥于本书提供的内容。

关于配套资源

除了教师用书以外，本套教材还包括练习册、词卡、图卡、单元测试卷、答案、录音等配套资源。其中，单元测试卷、答案、录音可以在官网上下载：http://www.chinesemadeeasy.com/download/CME。

第一课 我的家庭

教学目标

1. 理解并能使用“只要……，就……”“不管（不论）……，都……”介词“跟”和“对”。
2. 理解并能使用状语标记“地”、副词“好”以及复合趋向补语“过来、起来、下来、回来、进去、出去、回去”。
3. 介绍家人的职业和性格，谈论自己与家人之间的关系。

教学重点

1. 生词重点：烦恼、听话、生气、沟通、解决、关系、要求、靠、长辈、晚辈、发火
2. 短语重点：互相关心、感兴趣、有爱心、发脾气、发表意见、说出想法、提建议、做决定、坐下来
3. 语言点重点：“只要……，就……”“不管（不论）……，都……”、复合趋向补语
4. 交际重点：询问并介绍家人的职业和性格，谈论自己和家人之间的关系。

教学提示

1. 只要……，就……

“只要”后跟条件，“就”后跟结果。该复句表示满足了某种条件就会产生某种结果。

结构： 只要 + 条件 +（主语）就 + 结果

示例： 只要认真听课，就能考出好成绩。

只要每天花一点儿时间看中文书，你就能学会不少汉字。

只要每天练习说话，你的汉语就会进步。

注意： 如果条件句和结果句的主语一致，“就”前面的主语可以省略，如果不一致，“就”前面的主语则不能省略。

2. 不管（不论）……，都……

“不管（不论）”后跟条件，“都”后跟结果。该复句表示在任何条件下都会产生某种结果。

结构： 不管（不论）+ 条件 +（主语）都 + 结果

示例： 不管考得好不好，都得过一个开心的假期。

不管明天下不下雨，我们都要参加足球比赛。

注意： 如果条件句和结果句的主语一致，“都”前面的主语可以省略，如果不一致，“都”前面的主语则不能省略。

3. 地

放在谓语动词前，作状语标记。

结构： 形容词 + 地 + 动词 / 动词短语

示例： 妹妹开心地跳了起来。

他生气地走开了。

注意：“地”为状语标记，“得”为补语标记，“的”为定语标记。

4. 好

用在动词之前，表示容易。

结构： 好 + 动词

不好 + 动词

示例： 星期二的火车票很好买。

今天的家庭作业不好做。

5. 跟

结构： 主语 + 跟 + 对象 + 动词 / 动词短语

示例： 哥哥跟他的同学打了一下午的篮球。

小明跟我借了十块钱。

6. 复合趋向补语

“来、去、上、下、进、出、过、回、起”用来表示动作的趋向，是简单趋向补语；“过来、起来、上来、下来、回来、进去、出去、回去”是复合趋向补语。

结构： 动词 + 复合趋向补语

示例： 姐姐跑过来了。

我把课本带回去了。

注意： 复合趋向补语中的“来”强调位移方向是朝向说话者的，“去”表示离开说话者的位置。

7. 对

结构： 对 + 宾语 + 动词 / 形容词

示例： 他对科学课感兴趣。

王老师对我很温柔。

教学流程

1. 建议从家庭成员的介绍入手，结合练习 4 导入本课话题，学习生词 1。
2. 建议先学习语言点 1、2，完成练习 1，学习语言点 3、4，完成练习 2、3，然后学习生词 1，课文 1，就课文提问并结合练习 5、6 做扩展表达。
3. 建议先学习语言点 5、6、7，学习生词 2，完成练习 7、11、12，然后听课文判断正误，学习课文 2，完成角色扮演等其他练习。

第一课　我的家庭

生词 1

1. xiāng qīn xiāng ài 相亲相爱 love each other　wǒ men yì jiā rén xiāng qīn xiāng ài 我们一家人相亲相爱。
2. shè 社 society　shè gōng 社工 social worker
3. fán 繁 numerous; complicated　fán máng 繁忙 busy
4. shí fēn 十分 very; extremely
5. ài hù 爱护 take good care of　fù mǔ shí fēn guān xīn、ài hù wǒ hé mèi mei 父母十分关心、爱护我和妹妹。
6. yù 遇 encounter　yù dào 遇到 come across
7. fán 烦（煩）annoyed
8. nǎo 恼（惱）annoyed　fán nǎo 烦恼 upset; worried
9. yuàn 愿（願）be willing to　yuàn yì 愿意 be willing to
10. jiǎng 讲 speak; talk
11. guǎn 管 bother about　bù guǎn 不管 no matter (what, how, etc.)　bù guǎn……dōu…… 不管……都…… no matter
    bù guǎn yù dào shén me shì qing、yǒu shén me fán nǎo, wǒ men dōu yuàn yì gēn fù mǔ jiǎng 不管遇到什么事情、有什么烦恼，我们都愿意跟父母讲。
12. jí shí 及时 in time　fù mǔ zǒng shì nài xīn de tīng, jí shí de gěi wǒ men bāng zhù 父母总是耐心地听，及时地给我们帮助。
13. tīng huà 听话 be obedient　rú guǒ nǐ bù tīng huà, tā men huì shēng qì ma 如果你不听话，他们会生气吗？
14. gōu 沟（溝）channel　gōu tōng 沟通 connect
15. jiāo liú 交流 exchange　yì jiā rén yào duō gōu tōng、duō jiāo liú 一家人要多沟通、多交流。
16. hù 互 each other　hù xiāng 互相 each other
17. jiě 解 understand; untie　lǐ jiě 理解 understand
18. jué 决（決）decide　jiě jué 解决 solve
19. hǎo 好 be easy to do
20. zhǐ yào 只要 provided　zhǐ yào……jiù…… 只要……就…… provided　zhǐ yào wǒ men hù xiāng lǐ jiě, wèn tí jiù hǎo jiě jué 只要我们互相理解，问题就好解决。
21. chí 持 support　zhī chí 支持 support　wǒ men hù xiāng guān xīn、hù xiāng lǐ jiě、hù xiāng zhī chí 我们互相关心、互相理解、互相支持。
22. chǎo jià 吵架 quarrel　nǐ jīng cháng gēn mèi mei chǎo jià ma 你经常跟妹妹吵架吗？
    Grammar: Pattern: ... 跟 ... 吵架
23. guān xi 关系 relationship　wǒ men liǎ de guān xi hěn hǎo 我们俩的关系很好。

生词教学

- 引导学生通过汉字结构、词语组合规律及上下文语境来猜词义。
- 可以先讲名词"关系"，再将生词中与关系有关的形容词和动词按积极意义和消极意义分列出来，如，积极意义的形容词：相亲相爱；积极意义的动词：爱护、沟通、交流；消极意义的形容词：烦恼；消极意义的动词：生气、吵架。
- 可以给出图片或交际情境，让学生用生词造句或描述两人之间的关系。
- 可以利用录音、PPT和生词卡片练习生词。

1 用所给结构及词语完成句子

A 结构：只要我们互相理解，问题就好解决。

1) 只要我们努力，我们就一定能学好汉语。（学好汉语）

2) 只要认真复习，我这次汉语考试就能得高分。（考试）

3) 只要有时间，我就会看汉语书。（看书）

B 结构：不管遇到什么事情，我们都愿意跟父母讲。

1) 不管有什么烦恼，我都会告诉姐姐。（告诉）

2) 不管天气怎么样，我今天下午都会去游泳。（去游泳）

3) 不管养什么宠物，我都会花时间照顾它们。（花时间）

2 用所给结构看图完成句子

结构：父母总是耐心地听，及时地给我们帮助。

①

妹妹兴奋地说："这是我收到的最好的生日礼物。"

②

妈妈感动地说："谢谢你送给我的母亲节礼物。"

③

哥哥高兴地告诉老师："我今年暑假要去北京学汉语。"

④

爸爸生气地对他说："你这次考试考得太差了。"

2

教学建议

- 可以给出与学生生活或学习相关的目标，如"学好汉语""有好的身体"等，学生分小组在规定时间内讨论实现这些目标所需要的条件，并用"只要……，就……"造句，然后老师随机指定一位组员读出该组造的句子，句子造得又多又准确的小组获胜。
- 可以给出与学生生活相关的提示词，如"跑步""去旅游"等，学生分小组在规定时间内用"不管……，都……"造句，然后老师随机指定一位组员读出该组造的句子，句子造得又多又准确的小组获胜。
- 学生完成后可以互相检查正误。

教学建议

- 可以给出几个例句，让学生判断"地"前后词的词性，然后归纳出"地"的使用结构。
- 完成此题后，可以让学生做区别"地"和"的"的选词填空练习。

第2题　补充练习

1. 她高兴________接过生日礼物。（的　地）
2. 她的礼物是一件漂亮________裙子。（的　地）
3. 这是一件令她开心________事情。（的　地）
4. 他总是大声________说话。（的　地）

3 用所给结构及词语完成句子

结构：只要我们互相理解，问题就好解决。

1) 毛笔字很好看，但是 不好写 。（写）

2) 烤鸭很好吃，但是 不好做 。（做）

3) 这条路 不好走 ，我们走那条路吧！（走）

4) 那个地方 不好找 ，我带你去吧！（找）

5) 春节期间的火车票、机票都 不好买 。（买）

4 小组活动

要求 说一说你跟家人的关系。

① 你跟父母的关系怎么样？

- 我们互相关心
- 我们相互理解
- 我们相互支持
- 我们相互帮助

② 你跟兄弟姐妹的关系怎么样？

- 我们有时候也吵架
- 我们相互关心
- 我们经常沟通
- 我们相亲相爱

③ 父母会为什么事跟你生气？

- 我晚上太晚回家
- 我考试考得不好
- 我花太多时间玩儿电脑游戏
- 我做作业时听音乐

④ 你会为什么事跟兄弟姐妹吵架？

- 弟弟弄脏了我的本子
- 妹妹穿了我的衣服
- 姐姐借了钱不还
- 弟弟弄坏了我的电

教学建议

- 学生两两一组根据视觉提示讨论"好……"还是"不好……"，然后举手分享小组讨论的结果。例如，老师左手和右手分别拿着一张新车和一张报废车的图片，给出提示词"开"，学生应说出哪辆车好开或不好开。

教学建议

- 将学生分成四个小组，每组讨论一个问题，每位小组成员都给一个编号，规定时间一到就喊一个编号，有相同编号的组员需要汇报该组讨论的结果。
- 可以引导学生使用"互相＋动词"的结构进行讨论。
- 可以引导学生使用"总是、经常、常常、有时候、从不"等频率副词进行讨论。

教学建议

- 引导学生在回答“怎么样”这一类的问题时举实例说明，不要只用形容词进行简答。比如：
  ——你跟他们的关系怎么样？
  ——我跟我的兄弟姐妹经常一起运动、聊天、玩儿游戏，所以我们的关系非常好。
- 可以进行小组会话练习。

5 根据实际情况回答问题

1) 你有兄弟姐妹吗？你跟他们的关系怎么样？你跟谁的关系最好？

2) 你父母都工作吗？他们做什么工作？他们工作忙吗？他们经常出差吗？经常去哪里出差？

3) 如果父母工作很忙，你会帮忙做家务吗？你会做什么家务？

4) 你父母的性格怎么样？他们对你严格吗？他们在哪方面对你比较严格？

5) 如果遇到什么事情，你会先跟谁说？为什么？

6) 你经常跟父母沟通、交流吗？

7) 你最近有什么烦恼？你有没有跟父母讲？他们是怎么对你说的？他们是怎么帮你的？

8) 如果你不听父母的话，他们会生气吗？

你可以用

a) 我跟姐姐的关系很好。我们俩性格很像。她在学习方面经常帮助我。

b) 我爸爸工作非常忙，经常不在家。我从小就很独立，不管遇到什么事情都自己解决。

c) 我经常做家务，比如做简单的菜、收拾房间、洗衣服。

d) 我妈妈是一个善良的人。她乐意帮助别人，还很有耐心，从来都不生气。

e) 如果遇到什么事情，我一定会先跟哥哥说，因为他会耐心地听，还会帮我解决问题。

课文 1

请介绍一下你的家庭。

我家有四口人：父母、妹妹和我。我们一家人相亲相爱(xiāng qīn xiāng ài)。

你父母做什么工作？平时忙不忙？

我爸爸是工程师，我妈妈是社工(shè gōng)。虽然他们工作繁(fán)忙(máng)，但是他们十分(shí fēn)关心、爱护(ài hù)我和妹妹。不管遇到(bù guǎn yù dào)什么事情、有什么烦恼(fán nǎo)，我们都愿意(dōu yuàn yì)跟他们讲(jiǎng)。他们总是耐心地听，及时(jí shí)地给我们帮助。

如果你不听话(tīng huà)，他们会生气吗？

他们很少生我们的气。爸妈常说，一家人要多沟(gōu)通(tōng)、多交流(jiāo liú)。只要(zhǐ yào)我们互相理解(hù xiāng lǐ jiě)，问题就好解决(jiù hǎo jiě jué)。

你经常跟妹妹吵架(chǎo jià)吗？

有时候我们也会吵架，但是我们俩的关系(guān xi)很好。我们既是姐妹又是朋友。

你很爱你的家人，对不对？

是啊！我们互相关心、互相理解、互相支持(zhī chí)。我非常爱他们！

5

教学建议

- 课文重点培养学生的口语交际能力。
- 可以先让学生听课文录音，再就课文内容提问。
- 学生朗读课文可以采取多种形式，如默读、分角色读、跟读等。
- 注意讲解离合词“生气”的用法，以免学生产生如“他们生气我”这样的偏误。

教学建议

- 做口头报告前，让学生把父亲或母亲的工作、性格特点在纸上列出来，就每一点举一个实例。然后用形容词概括他们与父母的关系，并举实例描述。
- 给出口头报告的评分标准，并让学生听一个报告示例。
- 学生做完口头报告后，老师根据评分标准给出口头或笔头的反馈。

6 口头报告

要求 介绍你的父亲 / 母亲。你要介绍他 / 她的工作、性格、你跟他 / 她的关系。

例子：

我今天介绍一下我爸爸。我爸爸是飞行员。他经常飞亚洲的一些国家。爸爸很喜欢他的工作。他去过很多国家。我和妈妈也常常坐爸爸开的飞机去国外旅游。

我爸爸很善良，很有耐心。他乐意帮助人，很少发脾气。他还是一个爱干净的人。

我跟爸爸的关系很好。我们既是父子又是朋友。我经常跟爸爸沟通、交流。不管遇到什么事情、有什么烦恼，我都愿意跟他讲。他总是耐心地听，及时地给我帮助。

我认为我爸爸是世界上最好的爸爸。我爱我爸爸！

你可以用

a) 我爸爸是外科(wài kē)医生。他每天都很忙，有时候晚上也要去医院给病人(bìng rén)看病。

b) 我爸爸是足球教练(jiào liàn)。他从小就对运动感兴趣。他足球踢得好极了！

c) 我妈妈是空姐(kōng jiě)。她去过很多国家。欧洲、北美洲、南美洲、大洋洲和非洲，她都去过。

d) 我妈妈很有爱心，很有责任心。她乐意帮助别人，也很会照顾人。

e) 我跟妈妈的关系很好。我妈妈非常关心我、支持我。

f) 从小爸爸就培养(péi yǎng)我们独立的性格，让我们自己能做的事情一定要自己做。

生词 2 3

tiān xià / wǒ rèn wéi wǒ fù mǔ shì tiān xià zuì hǎo de fù mǔ
❶ 天下 world　我认为我父母是天下最好的父母。

zì xìn / qiú / yāo qiú
❷ 自信 self-confident　❸ 求 ask; beg　要求 demand; request

kào / fù mǔ yāo qiú wǒ zì jǐ néng zuò de shì qing yí dìng yào zì jǐ zuò, bù néng kào bié rén
❹ 靠 rely on　父母要求我自己能做的事情一定要自己做，不能靠别人。

gǔ / lì / gǔ lì / biǎo / fā biǎo
❺ 鼓 stir up　❻ 励（勵）encourage　鼓励 encourage　❼ 表 express　发表 express

yì jiàn / xiǎng fǎ / fù mǔ gǔ lì wǒ fā biǎo zì jǐ de yì jiàn, shuō chū xīn li de xiǎng fǎ
❽ 意见 view, opinion　❾ 想法 view, opinion　父母鼓励我发表自己的意见，说出心里的想法。

jué dìng / fù mǔ zài zuò jué dìng yǐ qián yě huì tīng wǒ de yì jiàn
❿ 决定 decide　父母在做决定以前也会听我的意见。

bèi / zhǎng bèi / wǎn bèi
⓫ 辈（輩）rank in (a family or clan) generational hierarchy　长辈 senior members of a family　晚辈 younger generation

wǒ gēn fù mǔ jì shì wǎn bèi hé zhǎng bèi de guān xi, yòu shì péng you de guān xi
我跟父母既是晚辈和长辈的关系，又是朋友的关系。

nán guò / fēn / xiǎng / fēn xiǎng
⓬ 难过 feel bad　⓭ 分 divide　⓮ 享 enjoy　分享 share

lùn / bú lùn / bú lùn … dōu …
⓯ 论（論）consider　不论 regardless of　不论……都…… regardless of

bú lùn wǒ yù dào kuài lè de shì qing hái shi nán guò de shì qing dōu yuàn yì gēn fù mǔ fēn xiǎng
不论我遇到快乐的事情还是难过的事情都愿意跟父母分享。

tí / yì / jiàn yì
⓰ 提 put forward　⓱ 议（議）opinion; view　建议 proposal; suggestion

dào lǐ / zhào / fù mǔ tí de jiàn yì, zhǐ yào yǒu dào lǐ, wǒ jiù huì zhào zhe zuò
⓲ 道理 reason　⓳ 照 according to　父母提的建议，只要有道理，我就会照着做。

fā huǒ / fù mǔ bú huì duì wǒ fā huǒ
⓴ 发火 get angry; lose temper　父母不会对我发火。

Grammar: Pattern: ... 对 ... 发火

jì / xù / jì xù
㉑ 继（繼）continue　㉒ 续（續）continue　继续 continue

fù mǔ huì zuò xia lai nài xīn de hé wǒ gōu tōng, gǔ lì wǒ jì xù nǔ lì
父母会坐下来耐心地和我沟通，鼓励我继续努力。

Grammar: a)“下来”serves as the complement of direction.
b) Pattern: Verb + Complement of Direction（上 / 下 / 进 / 出 / 过 / 回 / 起 + 来 / 去）

wēn nuǎn / fú / xìng fú
㉓ 温暖 warm　㉔ 福 luck; happiness　幸福 happy; happiness

7

生词教学

- 注意动词与名词的搭配：可以说“发表意见”，但不能说“发表想法”；可以说“提意见”，也可以说“提建议”。
- 可以用“站起来”和“坐下来”为例谈谈复合趋向补语的用法，鼓励学生举出其他复合趋向补语的例子。
- 可以利用录音、PPT和生词卡片练习生词。

7 用所给结构及词语看图说话 见参考答案

教学建议

- 可以给出多个例句，让学生分析“跟”所代表的意义，并归纳出“跟＋对象＋动词／动词短语”这一结构。
- 可让学生两两一组完成练习。

结构：我经常跟父母分享我们学校的事情。我们互相理解、互相支持。

① 

跟……借
买

④ 

跟……商量
生日礼物

② 

跟……讲
互相帮助

⑤ 

跟……吵架
关系

③ 

跟……聊天儿
发电邮

⑥ 

跟……交流
互相关心

8 完成句子 见参考答案

教学建议

- 完成练习后，可以让学生做一个选动词填空的补充练习，让学生熟识“提建议”“发表意见”“做决定”“说出想法”等动词与名词的常用搭配。

① 我最近给父母提了一个建议。我建议他们……

② 我最近做了一个决定。我决定……

③ 父母总是鼓励我发表自己的意见，比如他们让我……

④ 老师经常鼓励我们说出自己的想法，比如在学校……

8

第7题 参考答案

1. 我经常跟哥哥借钱买午饭。
2. 不管有什么烦恼，我都会跟姐姐讲。我们互相关心、互相帮助。
3. 我每天给同学发电邮。我还打电话跟她们聊天儿。
4. 妈妈跟我商量给爸爸买什么生日礼物。
5. 我经常跟弟弟吵架。我们的关系一点儿都不好。
6. 我经常跟父母交流。我们相互关心。

第8题 参考答案

1. 给我请一个中文家教，因为我的中文成绩不太好。
2. 今年寒假去哈尔滨滑雪。
3. 说今年春节去哪里过。
4. 老师鼓励高年级同学组织兴趣班、为课程提出建议等。

9 用所给结构及词语看图说话 见参考答案

结构：不论我遇到快乐的事情还是难过的事情都愿意跟父母分享。

① 

去美国
去英国
上大学
支持

② 

养狗
养猫
花时间
照顾

③ 

吃中餐
吃西餐
高兴

④ 

考试成绩
鼓励
继续

10 听课文录音，判断正误

- [✓] 1) 他很独立，自己的事情自己做。
- [✓] 2) 父母鼓励他发表意见。
- [✗] 3) 家里的事情，父母一般不听他的意见。
- [✗] 4) 他和父母的关系只是晚辈和长辈的关系。
- [✓] 5) 如果有开心的事情，他总是跟父母分享。
- [✗] 6) 不管父母说什么，他都会照着做。
- [✗] 7) 父母对他什么要求都没有。
- [✓] 8) 父母对他很有耐心。

9

教学建议

- 先让学生练习选择问句，如“你父母支持你去美国上大学还是去英国上大学？”
- 再让学生将选择问句嵌入“不论……都……”中说出完整的句子。

教学建议

- 先让学生默读或朗读题目，再听题。
- 课文录音播放两遍，第一遍和第二遍中间要有停顿。
- 可以让学生互相检查答案。

第9题 参考答案

1. 不论我想去美国还是去英国上大学，我父母都会支持我。
2. 不论养狗还是养猫，我都要花时间照顾它们。
3. 不论吃中餐还是吃西餐，我都很高兴。
4. 不论我的考试成绩好还是不好，妈妈都会鼓励我继续努力。

教学建议

- 课文重点培养学生的书面语交际能力。
- 可以在讲解课文之后，展示拿走重点词语的课文，让学生做完型填空。
- 可以让学生模仿课文的语篇结构，进行小组创作，然后在全班做展示。

课文 2 4

我认为我父母是天下最好的父母。他们虽然工作繁忙，但是非常关心我。

我是家里的独生子。父母从小就培养我独立、自信的性格。他们要求我自己能做的事情一定要自己做，不能靠别人。他们还鼓励我发表自己的意见，说出心里的想法。家里的一些事情，父母在做决定以前也会听我的意见。

我跟父母既是晚辈和长辈的关系，又是朋友的关系。不论我遇到快乐的事情还是难过的事情都愿意跟父母分享。父母说的话、提的建议，只要有道理，我就会照着做。如果他们对我的要求太高了，我做不到，他们也不会对我发火。他们会坐下来耐心地和我沟通，鼓励我继续努力。

生活在这样一个温暖的家庭，我感到很幸福、很快乐。

11 翻译

例子：他们会坐下来和我沟通。

They will sit down and communicate with me.

1) 汽车开过来了。
The car is coming over.

2) 他走进去了。
He walked in.

3) 弟弟跑出去了。
Younger brother has run out.

4) 妹妹走回去了。
Little sister has walked back.

5) 请你站起来。
Please stand up.

6) 我们应该坐下来沟通一下。
We should sit down and have chat.

7) 妈妈买回来一条鱼。
My mom bought a fish.

8) 我从楼上搬下来几把椅子。
I moved down a few chairs from upstairs.

教学建议

- 注意“来”和“去”的趋向意义。

12 用所给结构及词语看图说话 见参考答案

A 结构：如果我做不到，父母不会对我发火。

①

对……严格
喜欢

②

对……感兴趣
当美术老师

B 结构：父母对我的要求太高了。

①

对……要求
希望　当

②

对……印象
好　希望

教学建议

- 结构A：对＋宾语＋动词/形容词
- 结构B：对＋宾语＋的＋名词＋形容词

第12题 补充练习

结构A
1. 对……耐心　相亲相爱
2. 对……提建议　沟通

结构B
1. 对……的关心　不够　吵架
2. 对……的帮助　很大　解决问题

第12题 参考答案

A：1. 数学老师对我们太严格了，所以我们都不喜欢她。
　　2. 她对画画儿很感兴趣，她以后想当一名美术老师。
B：1. 她对自己要求很高。她希望自己长大以后当一名钢琴家。
　　2. 她对北京的印象很好。她希望明年还去北京过春节。

13 角色扮演

教学建议

- 学生选择一个情景分组练习，然后在班级里做小型汇报式的模拟采访。
- 其中一个组在做模拟采访时，其他的小组需根据评分标准对该组的表现进行评估。获得分数最高的小组获胜。

情景1 最近两次汉语考试你都不及格，所以父母昨天晚上对你发火了。跟同学编(biān)对话，听听他对这件事的想法。

例子：

你：你跟父母的关系怎么样？

同学：……

你：在学习方面，父母对你有什么要求？

同学：……

你：父母会为什么事对你发火？

同学：……

你：如果你考试成绩不好，他们会对你发火吗？

同学：……

你：我最近两次汉语考试都不及格，昨天父母对我发火了。你觉得我应该怎么跟他们沟通？

同学：……

你：如果父母不理解我，我应该怎么做？

同学：……

情景2 父母很关心你、爱护你，但是他们总是把你当小孩子。跟同学编对话，听听他父母是怎样对待(duì dài)他的。

例子：

你：你在家里可以发表意见吗？

同学：……

你：你的事情都是自己决定的吗？

同学：……

你：你做决定以前会听父母的意见吗？

同学：……

你：我父母总是把我当小孩子，帮我安排(ān pái)所有的事。你父母会这样吗？

同学：……

你：如果有难过的事，你会跟父母说吗？

同学：……

你：你遇到麻烦(má fan)的时候会跟父母说还是自己解决？

同学：……

14 角色扮演

情景 你跟妈妈说你想养一只狗。

例子：

你：妈妈，我朋友家的狗上个星期生了三只小狗。她可以送我一只。

妈妈：你现在学习这么忙，有时间养狗吗？

你：我觉得我可以照顾小狗。每天放学以后，我一到家就做作业。做完作业以后，我就喂小狗，带它散步。我认为通过养狗我可以学会管理时间。

妈妈：除了照顾小狗，你还要花时间训练它。

你：我知道。我要训练它去固(gù)定(dìng)的地方大小便，还要让它养成好的习惯。我的朋友会教我怎样训练小狗。

妈妈：你知道养狗要花很多钱吗？

……

你可以用

a) 买狗粮和给小狗打预防针都很贵。如果小狗生病了，要带它去看宠物医生，费用也不便宜。

b) 如果我们去国外旅行，可以把小狗寄养在朋友家。

c) 我以前比较懒。养了狗以后，我不但自己的事情自己做，还可以照顾好我的小狗。

d) 狗是人类的好朋友。它们又忠诚又可爱。相信养狗会给我带来很多快乐。

e) 小狗可能会把东西弄乱、把房间弄脏，但是我会训练它，也会经常收拾房间。

教学建议

- 可以让学生先列出养小狗的好处与坏处。
- 引导学生使用“虽然……但是……”“如果……就……”“不论……都……”“只要……就……”等复句来表达自己的观点。
- 提醒学生使用不顶撞父母的语言策略，如“您说得对，但是我觉得……”。

第二课　对我有影响的人

教学目标

1. 理解并能使用语气词“吧”和“动词 + 起来”。
2. 理解并能使用“尽管……，但是……”“无论……，都……”。
3. 口头及笔头介绍一位名人。
4. 谈论一位很有影响力的人。

教学重点

1. 生词重点：闻名、出色、获得、个性、穿着、影响、外向、负责、热爱、提醒
2. 短语重点：棒极了、看起来、性格开朗、做事认真
3. 语言点重点：“动词 + 起来”“尽管……，但是……”“无论……，都……”
4. 交际重点：介绍一位名人或对自己产生过很大影响的人。

教学提示

1. 吧

“吧”位于句子的末尾表示猜度或求证语气。

结构： 问句 + 吧

示例： 下雨了吧?

你刚刚上了体育课吧?

注意： 疑问代词引导的问句、“是 A 还是 B”“A 还是不 A”这样的问句后不能加“吧”。

2. 动词 + 起来

插入在句子中，表示估计或从某方面看的意思。

结构： 动词 + 起来

示例： 他看起来很累。

她的课上起来很有意思。

妈妈唱起歌来很好听。

注意： 与离合词搭配时，“起”要放在离合词的中间，如“生起气来”。

3. 尽管……，但是……

表示让步。

结构： 尽管 + 主谓句 + 但是 + 主谓句

示例： 尽管我走得很快，但是我还是迟到了。

尽管下雨了，但是我还是想去打篮球。

4. 无论……，都……

“无论”后跟“多么”，表示程度的高低不能影响结果，“都”用来强调结果。

结构： 无论 + (主语 $_1$) 多么 + 形容词 + 主语 $_2$ + 都 + 结果

示例： 无论多么累，她都要完成作业才睡觉。

无论多么热，我们都得参加运动会。

注意： 如果主语 $_1$ 和主语 $_2$ 一致，或者主语 $_1$ 是指天气 / 气候，那么主语 $_1$ 可以省略。

教学流程

1. 建议结合练习 3、4 导入体育运动和体育名人的话题。
2. 结合练习 1、5 学习语言点 1、2，然后学习生词 1 和课文 1，就课文提问并完成练习 6。
3. 建议先结合练习 7、11 学习语言点 3、4，再学习生词 2，完成练习 8、9，然后听课文录音学习课文 2 并完成小组讨论、续写句子、口头报告等练习。

生词教学

- 以头脑风暴的方式让学生说一说与"名人"有关的词汇，再借助思维导图将这些词汇分类展示出来。比如名人可以是体育明星、电影明星等等。与体育明星相关的词汇包括"球星、奥运会、冠军"，与电影明星相关的词汇包括"时尚、个性、酷"。
- 可以做词语扩展练习，如：球技、舞技、画技；单打、双打；球迷、影迷、乐迷、剧迷。
- 可以利用录音、PPT和生词卡片练习生词。

生词 1 (5)

❶ 名人 (míng rén) famous person　❷ 林丹 (lín dān) a Chinese badminton player　❸ 闻（聞）(wén) hear　闻名 (wén míng) well-known

❹ 运动员 (yùn dòng yuán) athlete　❺ 棒 (bàng) terrific　他羽毛球打得棒极了！(tā yǔ máo qiú dǎ de bàng jí le)　❻ 福建 (fú jiàn) Fujian Province

❼ 技 (jì) skill　球技 (qiú jì) ball game skills　❽ 出色 (chū sè) outstanding; remarkable　他的球技非常出色。(tā de qiú jì fēi cháng chū sè)

❾ 奥（奧）(ào) 运会 (yùn huì) Olympic Games　❿ 伦（倫）(lún) 敦 (dūn) London　⓫ 获（獲）(huò) get　获得 (huò dé) get

⓬ 男子 (nán zǐ) man　⓭ 单 (dān) single　单打 (dān dǎ) singles　⓮ 冠 (guàn) first place; champion

⓯ 军（軍）(jūn) army　冠军 (guàn jūn) champion　林丹在2012年伦敦奥运会上获得了男子单打冠军。(lín dān zài 2012 nián lún dūn ào yùn huì shang huò dé le nán zǐ dān dǎ guàn jūn)

⓰ 球迷 (qiú mí) (ball game) fan　⓱ 超级 (chāo jí) super

⓲ 他已经结婚了吧？(tā yǐ jīng jié hūn le ba)

> **Grammar:** "吧" can be put at the end of a question when asking for confirmation.

⓳ 个性 (gè xìng) personality　⓴ 穿着 (chuān zhuó) dress

㉑ 尚 (shàng) tendency　时尚 (shí shàng) fashionable; fashion　他的穿着非常时尚。(tā de chuān zhuó fēi cháng shí shàng)

㉒ 酷 (kù) cool　他看起来很酷。(tā kàn qi lai hěn kù)

> **Grammar:** a) Pattern: Verb + 起来
> b) This pattern is used to indicate an impression or idea from different aspects.

㉓ 苦 (kǔ) hard; weary　刻苦 (kè kǔ) hardworking　他又聪明又刻苦。(tā yòu cōng ming yòu kè kǔ)

㉔ 精 (jīng) superb　精彩 (jīng cǎi) wonderful　他的比赛场场都十分精彩。(tā de bǐ sài chǎng chǎng dōu shí fēn jīng cǎi)

㉕ 博客 (bó kè) blog　他还喜欢唱歌和写博客。(tā hái xǐ huan chàng gē hé xiě bó kè)

14

1 用所给结构及词语看图完成对话

结构：A: 林丹已经结婚了吧？

B: 对。他是 2012 年结婚的。

①

A: 你春节回北京了吧？

B: 没有。我春节回上海了。

②

A: 你是坐飞机去哈尔滨的吧？

B: 不是。我是坐高铁去的哈尔滨。

③

A: 这是你爸爸的车吧？

B: 不是。这是我叔叔的车。

④

A: 你暑假去杭州了吧？

B: 没有。我是秋天去的杭州。

2 用所给结构及词语完成句子

结构：林丹的比赛场场都十分精彩。

1) 外婆做的菜个个都非常好吃。（好吃）

2) 小姨的衣服件件都特别时尚。（时尚）

3) 爸爸说的话句句都很有道理。（有道理）

4) 叔叔拍的照片张张都非常漂亮。（漂亮）

5) 舅舅写的小说本本都很好看。（好看）

6) 我的同学个个都很努力。（努力）

7) 这家文具店卖的东西样样都很便宜。（便宜）

教学学建议

- 完成对话及补充练习后，老师可以给出一些图片，让学生用“……吧？”来猜一猜图片里的人要做什么。

第 1 题　补充练习

1. 你刚刚吃了冰淇淋吧？
2. 妈妈去超市买水果了吧？
3. 你圣诞节回上海了吧？

教学建议

- 可以先做名词与量词的配对练习。
- 可以在 PPT 上列出两个有量词的句子，让学生体会量词重叠的意义。例如，林丹的这场比赛十分精彩 / 林丹的比赛场场都十分精彩。

第 2 题　补充练习

1. 这所学校的教室________。（大）
2. 这条街的商店________。（便宜）

教学建议

- 可以分小组在网上搜索奥运会的比赛项目，然后填写表格，先完成的小组获胜。
- 可以将学生分成A、B两组，老师给出一个运动类别如“球类运动”，A组派一名学生说一个比赛项目，然后B组派一名学生，依次往下说，如果有一名学生说错或说不出来，他所在的组就输掉一分，然后再换另一个运动类别练习。

3 小组活动

要求 列出奥运会的比赛项目。

①	球类运动		
	• 篮球	• 网球	• 橄榄球
	• 羽毛球	• 足球	• 排球
②	水上运动		
	• 水球	• 划船	• 游泳
	• 跳水	• 龙舟	• 花样游泳
③	冰上运动		
	• 冰球	• 滑雪	• 滑冰
	• 跳台滑雪	• 花样滑冰	• 高山滑雪
④	tián jìng 田径运动		
	• 100米短跑	• 铅球	• 跳高
	• 铁饼	• 跳远	• 800米中长跑

你可以用

a) kuà lán 跨栏
b) huā yàng 花样滑冰
c) 跳高
d) 跳远
e) 铅球
f) 铁饼
g) fān chuán 帆船
h) gǎn lǎn qiú 橄榄球
i) 100×4 jiē lì sài 接力赛
j) 800米中长跑
k) 1500米长跑

教学建议

- 可以两两一组进行问答练习，完成的小组举手汇报。
- 可以做“二十个问题”这一活动，让一名学生在心里想一个名人的名字，其他同学向他问问题，那名学生只能答是或不是，最后猜出名字的学生获胜。

4 根据实际情况回答问题

1) 你喜欢体育运动吗？
2) 你今年参加了什么体育活动？
3) 你每天都做运动吗？你什么时候做运动？
4) 你最喜欢哪种运动？你是从什么时候开始做这种运动的？你经常参加比赛吗？你最近有没有比赛？哪天有比赛？你们yíng赢了吗？
5) 如果现在在开夏季奥运会，你最想看什么比赛？
6) 你最喜欢哪个运动员？请介绍一下他/她。

课文 1 6

你最喜欢哪位名人(míng rén)？

我最喜欢林丹(lín dān)。他是中国也是世界闻名(wén míng)的羽毛球运动员(yùn dòngyuán)。他羽毛球打得棒(bàng)极了！我真希望有一天能像他一样！

那请你介绍一下林丹。

林丹是福建(fú jiàn)人。他五岁就开始打羽毛球了。他的球技(qiú jì)非常出色(chū sè)，在2008年北京奥运会(ào yùn huì)和2012年伦敦(lún dūn)奥运会上获得(huò dé)了男子(nán zǐ)单打冠军(dān dǎ guàn jūn)。球迷(qiú mí)们都叫他“超级(chāo jí)丹”。

林丹在场外是什么样的人？他已经结婚了吧？

他是一个很有个性(gè xìng)的运动员。他的穿着(chuān zhuó)非常时尚(shí shàng)，看起来很酷(kù)。他是2012年结婚的。他的妻子也是中国有名的羽毛球运动员。

你为什么喜欢他？

他又聪明又刻苦(kè kǔ)。他的比赛场场都十分精彩(jīng cǎi)。

除了打球，他还有什么爱好？

除了打球，他还喜欢唱歌和写博客(bó kè)。

教学建议

- 课文重点培养学生的口语交际能力。
- 可以在讲解课文之后展示拿走重点词语的课文，让学生做完型填空。
- 可以做小组口语练习，用问答的方式谈谈某位名人，然后在全班做展示。

5 用所给结构及词语看图完成句子

结构：他的穿着非常时尚，看起来很酷。

① 

姐姐今天收到了很多生日礼物。她看起来很高兴。

② 

这本小说读起来很有意思。

③ 

这件衣服穿起来很舒服。

④ 

这两个汉字写起来很容易。

6 小组活动

要求 介绍你喜欢的体育名人。

例子：

同学 1：我最喜欢姚明（yáo míng）。他篮球打得棒极了！

同学 2：我也喜欢姚明。我是他的球迷。我真希望有一天能像他一样，篮球打得那么好！

同学 3：姚明是上海人吧？

同学 1：对。他是上海人。他……

同学 2：他在美国打了几年篮球？

同学 1：……

同学 3：他在场外是什么样的人？

同学 1：……

同学 2：他已经结婚了吧？

……

18

教学建议

- 可以让学生做一些基于触感、听觉、嗅觉、视觉或味觉的评价活动，导入“动词＋起来”这一结构，比如让学生摸袋子里装的东西或闭着眼睛闻某样东西。

第 5 题　补充练习

1. 这道菜　尝　甜甜的
2. 这瓶洗发水　闻　香香的

教学建议

- 分小组讨论，每位小组成员都给一个编号，规定时间一到就喊一个编号，有相同编号的组员需要汇报小组讨论的内容。

生词 2

7

yǐngxiǎng / cóngxiǎo dào dà, mā ma duì wǒ de yǐngxiǎng zuì dà
❶ 影响 influence　从小到大，妈妈对我的影响最大。

Grammar: Pattern: ... 对 ... 的影响 ...

xiàozhǎng / lǎng / kāi lǎng
❷ 校长 headmaster; principal　❸ 朗 light; bright　开朗 cheerful; optimistic

wài xiàng / tā xìng gé kāi lǎng、wài xiàng
❹ 外向 extravert　她性格开朗、外向。

rè qíng / dà fāng / tā duì rén rè qíng、dà fāng
❺ 热情 warm-hearted　❻ 大方 generous　她对人热情、大方。

rèn zhēn / fù / fù zé / tā duì gōng zuò rèn zhēn、fù zé
❼ 认真 conscientious　❽ 负（負）bear　负责 serious　她对工作认真、负责。

rè ài / tā rè ài shēng huó / chōu / duō me
❾ 热爱 have deep love for　她热爱生活。　❿ 抽 take a part from a whole　⓫ 多么 how

wú lùn / wú lùn …… dōu ……
⓬ 无论 regardless of　无论……都…… regardless of

wú lùn duō me máng, tā dōu huì chōu shí jiān guān xīn wǒ hé dì di de xué xí hé shēng huó
无论多么忙，她都会抽时间关心我和弟弟的学习和生活。

Grammar: Sentence Pattern: 无论 + 多么 + Adjective, Subject + 都 ...

kuàng / qíngkuàng / tā měi tiān xià bān huí jiā hòu zǒng shì xiān wèn wǒ men zài xué xiào de qíngkuàng
⓭ 况（況）situation　情况 situation　她每天下班回家后总是先问我们在学校的情况。

xū / xū yào / xǐng / tí xǐng
⓮ 需 need　需要 need　⓯ 醒 wake up (to reality)　提醒 remind

jǐn / jǐn / jǐn guǎn / jǐn guǎn …… dàn shì ……
⓰ 尽（盡）to the limit　⓱ 尽（儘）to the greatest extent　尽管 though　尽管……，但是…… though

jǐn guǎn kǎo shì chéng jì hěn zhòng yào, dàn shì gèng zhòng yào de shì yào jǐn zì jǐ zuì dà de nǔ lì
尽管考试成绩很重要，但是更重要的是要尽自己最大的努力。

kè táng / shí / zhī shi / shū běn zhōng yǒu kè táng shang xué bu dào de zhī shi
⓲ 课堂 classroom　⓳ 识（識）knowledge　知识 knowledge　书本中有课堂上学不到的知识。

duàn / bú duàn
⓴ 断（斷）break off　不断 continuously

chéng shí
㉑ 诚实 honest

wǒ yào xiàng mā ma xué xí. wǒ bú dàn yào nǔ lì dú shū, ér qiě yào zuò yí ge chéng shí、zì xìn、yǒu zé rèn xīn de rén
我要向妈妈学习。我不但要努力读书，而且要做一个诚实、自信、有责任心的人。

Grammar: Pattern: ... 向 ... 学习

生词教学

- 注意区分“对 + 宾语 + 的 + 名词 + 形容词”（对我的影响最大）和“对 + 宾语 + 动词 / 形容词”（对工作认真）这两种结构。
- 可以让学生说出“外向”和“大方”的反义词。
- 可以利用录音、PPT 和生词卡片练习生词。

7 用所给结构及词语看图完成句子

教学建议

- 看图完成句子后，可让学生两两一组用“尽管……，但是……”造句，一位学生说前半句，另一位同学补后半句。每小组至少造两个句子，老师抽查小组完成的情况。

结构：尽管考试成绩很重要，但是更重要的是要尽自己最大的努力。

①

尽管现在是春天，但是这几天很冷，最低温度只有五度。

②

尽管外面下着小雨，但是他还是想出去跑步。

③

尽管姐姐今年学习很忙，但是她参加了很多课外活动。

④

尽管他每天都花半个小时学汉语，但是他的考试成绩还是不太好。

第 7 题　补充练习

1. 尽管 ____________，但是中文非常有用。
2. 尽管 ____________，但是我们还是去露营了。

8 完成句子 见参考答案

教学建议

- 可以让学生在完成此题后进行交换批改。

1) 从小到大，奶奶对我的影响 ______________________________。
2) 我们的汉语老师对工作 ______________________________。
3) 无论工作多么繁忙，爸爸 ______________________________。
4) 我每天都会抽一些时间 ______________________________。
5) 爸爸时常提醒我 ______________________________。
6) 我要向妈妈学习，______________________________。

20

第 8 题　参考答案

1. 最大。奶奶对人热情、大方。她十分热爱生活
2. 认真、负责，对学生很热情，很愿意帮助学生
3. 总会抽出时间关心我的生活和学习
4. 跟我的小狗玩，带它出去散步
5. 尽管考试成绩很重要，但是更重要的是要尽自己最大的努力
6. 不但要努力读书，而且要做一个诚实、有责任心的人

9 小组活动

要求 介绍你的一个朋友。

例子：

我的朋友叫国立。我们是小学同学。

国立的性格开朗、外向，对人热情、友好。他学习非常好，差不多每次考试都能得九十多分。如果我在学习上遇到困难，他会帮助我。……

你可以用

a) 他性格温和 / 开朗 / 外向 / 内向（nèi xiàng）。
b) 他非常诚实 / 自信 / 热情 / 大方 / 善良 / 独立。
c) 他是一个热心 / 诚实 / 自信的人。
d) 他很有爱心 / 耐心 / 责任心。
e) 他对人热情。
f) 他对工作认真、负责。
g) 他常常对学生发火。
h) 他从来都不发脾气。
i) 他特别爱讲笑话。
j) 他愿意 / 乐意帮助别人。

10 听课文录音，选择正确答案

1) 妈妈＿＿＿＿＿＿＿＿。
a) 性格开朗、内向
b) 很有爱心，但是没耐心
c) 热爱工作和生活 (circled)

2) 妈妈＿＿＿＿＿＿＿＿。
a) 工作不太忙
b) 说考试成绩最重要
c) 关心他们的学习和生活 (circled)

3) 妈妈＿＿＿＿＿＿＿＿。
a) 自己不常学习
b) 说读书很重要 (circled)
c) 学习进步不快

4) 他＿＿＿＿＿＿＿＿。
a) 要做诚实、自信的人 (circled)
b) 只会努力学习
c) 会向爸爸学习

教学建议

- 可以先将学生分组编号，然后给每组一篇打乱了段落顺序的介绍性文章，让小组合作进行重排。规定时间一到老师叫一个编号，被叫到编号的学生把重排顺序的文章读出来。此活动的目的是为了让学生明白介绍一个人通常从个人信息或外貌特征入手，然后才会谈及性格和其他特点。
- 可以给小组成员分任务，比如让一位同学描写外貌，另一位同学描写性格，小组共同完成一个人物介绍，然后在全班做展示。

教学建议

- 可以利用听力练习导入课文。
- 先让学生默读或朗读题目及选项，学生不会的词要给予拼音及解释，再听课文。
- 提醒学生边听课文边做笔记。
- 课文录音播放两遍，第一遍和第二遍播放中间要有停顿。

第 10 题 补充练习

1. 妈妈在哪些方面对他产生了影响？
2. 他要向妈妈学习些什么？

教学建议

- 课文重点培养学生的书面语交际能力。
- 可以在讲解完课文之后，让学生听写一篇有重点词语和句式的短文。可以指定一个记忆力最好的学生在白板上写，其他同学在座位上听写。不会写的词可以抬头看白板。老师要及时订正示范学生的听写错误。

课文2

从小到大，妈妈对我的影响最大。

我妈妈是一位小学校长。她性格开朗、外向，既有爱心又有耐心。她对人热情、大方，对工作认真、负责。她热爱生活，热爱工作，更热爱我们的家。无论多么忙，她都会抽时间关心我和弟弟的学习和生活。她每天下班回家后总是先问我们在学校的情况，功课需不需要帮忙。她时常提醒我们尽管考试成绩很重要，但是更重要的是要尽自己最大的努力。她还鼓励我们多读书，因为书本中有课堂上学不到的知识。妈妈自己也每天都学习。她常说只有不断学习新知识，才能不断进步。

我要向妈妈学习。我不但要努力读书，而且要做一个诚实、自信、有责任心的人。

11 用所给结构及词语看图完成句子

结构：无论多么忙，妈妈都会抽时间关心我们的学习和生活。

① 

无论多么冷，爷爷每天早上都会去跑步。

② 

无论多么忙，他们都会抽时间参加足球训练。

③ 

无论数学考试多么难，哥哥都能得九十多分。

④ 

无论作业多么多，他都会在十一点以前做完。

教学建议

■ 可以在小组内进行句子拓展练习。第一位组员按结构完成句子，如"无论多么冷，爷爷都会去跑步"，第二位组员必须在此基础上增加一个词语，"爷爷每天早上都会去跑步"，组员依次扩展句子。规定时间一到，每组都要汇报他们按结构造出的最长句。

12 采访同桌，向全班汇报

问题	妈妈	爸爸
1) 他 / 她做什么工作？		
2) 他 / 她工作忙吗？		
3) 他 / 她对你有什么要求？		
4) 他 / 她会抽时间陪你做什么？		
5) 你们经常聊天儿吗？经常聊什么？		
6) 他 / 她常提醒你什么？		
7) 他 / 她鼓励你做什么？		
8) 他 / 她下班以后喜欢做什么？		

教学建议

■ 可以让一位口语较好的学生搭配一位口语较弱的学生，两两一组完成采访练习，然后抽取几组做全班汇报。

13 小组讨论

教学建议

- 可以让学生两两一组，交换着进行问答，问的学生要将答的学生所说的内容写下来。被抽到的小组每人轮流汇报回答的内容。

要求 说一说你跟家人的关系。

1) 在学习方面，父母对你有什么要求？你认为他们对你的要求高吗？如果你做不到，他们会生气吗？

2) 父母是不是要求你自己的事情自己做？他们要求你自己做什么？

3) 如果父母说的话有道理，你会照着做吗？请举(jǔ)一个例(lì)子(zi)。

4) 如果有快乐的事情，你会跟谁分享？

5) 如果有难过的事情，你会跟谁说？

14 用所给结构完成句子，并续写一段话 见参考答案

教学建议

- 可以让学生分组续写。比如将全班分成四组，第一组按结构完成第一句"我对北京的印象特别好"，第二组则必须续写一句，第三组、四组再依次进行续写。没能成功续写或续写之后语句不通顺的小组不能得分。

结构：从小到大，妈妈对我的影响最大。我妈妈是一位小学校长。她对人热情、大方，对工作认真、负责。我要向妈妈学习。我不但要努力读书，而且要做一个诚实、自信、有责任心的人。

① 我对北京的印象……

② 爸爸对我的影响……

③ 我妈妈对工作……

④ 我的中文老师对学生……

24

第 14 题 参考答案

1. 特别好。我觉得北京是个有趣的城市，它既古老又现代。北京人也很友好，很乐意帮助别人。
2. 很大。我爸爸是个很善良的人，经常帮助别人。
3. 认真、负责。她经常很晚下班回家。她有时候还把工作带回家做。
4. 很好，但是她对学生挺严格的。上课前，她总是认真准备。她汉语课教得很好。我们都很喜欢她。

15 口头报告

要求 介绍一个对你影响很大的人。

例子：

奶奶对我的影响很大。我从她身上学到了很多。

我小时候父母工作特别忙，没有时间照顾我，所以妈妈让我跟奶奶一起住。在我的印象中，奶奶是一个心地善良的人。她非常乐意帮助别人。她也很有耐心，从来都不发脾气。奶奶还特别独立。如果她想做一件事，无论遇到什么困难（kùn nan），她都会努力克服（kè fú）。

我也是一个很独立、很有耐心的人。我什么事情都自己做。在学习上，如果遇到困难，我一定会多问、多练，努力克服困难。在家里，我跟家人的关系很好。我们互相关心、互相理解、互相支持。

你可以用

a) 我和哥哥既是兄妹又是朋友。我不开心的时候他总能说一些让我开心的话，做一些让我开心的事。

b) 妈妈对我的影响最大。她在我们的生活和学习上花了很多时间，给了我们很大帮助。

c) 爸爸性格开朗，很有耐心。我遇到困难时，他总会耐心地告诉我该怎么做。

d) 我的数学老师做事认真，工作努力。他总是鼓励我们要好好学习。

教学建议

- 做口头报告之前，让学生按论点、论证、论据做好提纲。比如：“爸爸对我的影响很大。”是论点；“他帮助我保持良好的运动习惯。”是论证；“爸爸每天早上陪我跑步，晚上跟我踢球。”是论据。
- 制定口头报告的评分标准，让学生们互评。

第三课　我的理想

教学目标

1. 理解并能使用动词短语作主语、“之一”、副词“就是”“受……影响”“对……来说”。
2. 理解并能使用。
3. 谈论中学毕业后的计划或打算。
4. 谈论小时候的梦想及长大后的理想。
5. 初步了解中国的著名大学、大学种类以及热门专业。

教学重点

1. 生词重点：报考、留、毕业、专业、了解、争取、计划、申请、梦想、改变、有关、见习
2. 短语重点：做义工、做慈善、长大后、边远地区、世界一流
3. 语言点重点：动词短语做主语、“之一”、副词“就是”、“受……影响”和“对……来说”
4. 交际重点：谈论理想或梦想。

教学提示

1. 动词短语做主语

动词短语作主语时，谓语是非动作性的，如形容词、判断动词等。

结构： 动词短语 + 非动作性谓语

示例： 爬长城真累啊！

住朋友家里会很安全。

注意： 动词短语与非动作性谓语之间可以有助动词“应该、会、可能”等。

2. 之一

表示“……中的一个”。

结构： A 是 B 之一

示例： 数学是最难的科目之一。

汉语是我们学校提供的课程之一。

注意： B 往往由“的字结构”和名词构成，“之一”位于句子末尾。

3. 就是

副词“就是”可以限定范围，相当于“只是”。

结构： 就是 + 动词 / 形容词

示例： 他什么课外活动都参加了，就是没做过义工。

这所学校设施齐全，就是小了些。

注意：“就是”后如果接动词，往往表示特例，接形容词则表示主语的另一种特征。

4. 受……影响

结构： 受 A 影响，B……

示例： 受朋友影响，我也开始每天跑步了。

受天气的影响，下午的足球赛取消了。

5. 对……来说

表示从某人、某事的角度看。

示例： 对他来说，做义工是很开心的事情。

对父母来说，孩子的健康是最重要的。

教学流程

1. 建议先通过练习 2 小组活动导入本课话题。
2. 学习生词 1，结合练习 1 和练习 3 学习语言点 1、2。然后学习课文 1，完成练习 4、5、6。
3. 建议结合练习 7、9、11 学习语言点 3、4、5，再听课文回答问题，然后完成其余练习。
4. 文化部分建议让学生上网了解中国的著名大学、大学种类及热门专业，然后在全班做汇报。

第三课　我的理想

生词教学

- 建议从词素入手，串联有相同词素的词语，比如：报考、考试；毕业、专业；会计师、教师、律师；一流、二流、三流；经济学、会计学、法学、医学。
- 建议带领学生就“义工”或“慈善”做头脑风暴，列出相关的词语。
- 建议用简笔画的形式解释“边远”，然后在中国地图上指出哪些地方是边远地区。
- 建议给出几个重点词，让学生分小组造句。

生词 1　9

1. 报考 (bào kǎo) register for an examination　我打算报考北京大学。(wǒ dǎ suàn bào kǎo běi jīng dà xué)
2. 留 (liú) stay　大学毕业以后我可能留在中国工作。(dà xué bì yè yǐ hòu wǒ kě néng liú zài zhōng guó gōng zuò)
3. 之 (zhī) 's; of　之一 (zhī yī) one of　北大是中国最著名的大学之一。(běi dà shì zhōng guó zuì zhù míng de dà xué zhī yī)
4. 一流 (yī liú) top-rate; first-class　北大是世界一流的大学。(běi dà shì shì jiè yī liú de dà xué)
5. 毕（畢）(bì) finish; conclude　毕业 (bì yè) graduate　在北大学习，毕业以后找工作应该会容易一些。(zài běi dà xué xí, bì yè yǐ hòu zhǎo gōng zuò yīng gāi huì róng yì yì xiē)

   Grammar: “找工作” serves as the subject.

6. 专（專）(zhuān) specialized　专业 (zhuān yè) special field of study　你想去北大学什么专业？(nǐ xiǎng qù běi dà xué shén me zhuān yè)
7. 了 (liǎo) understand　了解 (liǎo jiě) understand　我比较了解自己。(wǒ bǐ jiào liǎo jiě zì jǐ)
8. 会计 (kuài jì) accounting　会计师 (kuài jì shī) accountant
9. 法律 (fǎ lǜ) law
10. 经济学 (jīng jì xué) economics
11. 原 (yuán) primary; original　原因 (yuán yīn) cause; reason
12. 争（爭）(zhēng) strive
13. 取 (qǔ) get　争取 (zhēng qǔ) strive for
14. 义（義）(yì) be voluntary　义工 (yì gōng) volunteer
15. 慈 (cí) kind; loving　慈善 (cí shàn) charitable

    除了努力学习、争取最好的成绩以外，我还参加了一些课外活动，比如做义工、做慈善工作等。(chú le nǔ lì xué xí、zhēng qǔ zuì hǎo de chéng jì yǐ wài, wǒ hái cān jiā le yì xiē kè wài huó dòng, bǐ rú zuò yì gōng、zuò cí shàn gōng zuò děng)

16. 计 (jì) plan
17. 划（劃）(huà) divide　计划 (jì huà) plan
18. 边远 (biānyuǎn) remote
19. 地区 (dì qū) area; region

    我还计划明年暑假去中国的边远地区教英语。(wǒ hái jì huà míng nián shǔ jià qù zhōng guó de biānyuǎn dì qū jiāo yīng yǔ)

20. 申 (shēn) state; explain　申请 (shēnqǐng) apply for　相信这些都会对我申请北大有帮助。(xiāng xìn zhè xiē dōu huì duì wǒ shēnqǐng běi dà yǒu bāng zhù)

1 用所给结构完成句子

结构：在北大学习，毕业以后找工作应该会容易一些。

1) 住公寓式酒店既 舒适又实惠，房租也比较合理。

2) 乘坐高铁（gāo tiě）旅游 是大部分学生的选择。

3) 选择去北京上大学 是我自己的决定。

4) 假期去做义工 是我今年暑假的计划。

5) 想获得武术大赛冠军 是我的理想。

2 小组活动

要求 在规定的时间里完成下表。

	你们学校提供的课程	你们大学想学的专业	你们以后想做的工作
• 礼堂	• 汉语	• 数学	• 商人
• 图书馆	• 英语	• 经济学	• 医生
• 体育馆	• 数学	• 会计	• 护士
• 操场	• 音乐	• 建筑	• 老师
• 教学楼	• 体育	• 美术	• 经理
• 电脑室	• 化学	• 医学	• 银行家
• 实验楼	• 物理	• 法律	• 建筑师
• 游泳池	• 生物	• 汉语	• 工程师

27

教学建议

- 建议先做补充练习，让学生明白动词短语作主语时，谓语是非动作性的。
- 注意第一小题要用"既……又……"来完成句子。
- 可以让学生两两一组完成句子，然后举手分享小组讨论的结果。

第1题 补充练习

1. ________非常难。（申请）
2. ________会对我申请大学有帮助。（参加）

教学建议

- 可以将学生分成四个小组，每组负责完成一竖列。规定时间一到，每组派一名同学上台。第一组的代表说出有关"设施"的词语，第二、三、四小组的组员则必须将这些词语听写出来。四竖列的词语都听写完后，每组各派字写得好的组员将别组的词语在白板上列出来。全对无误的组获胜。
- 可以做小组竞赛，老师给出一个关键词，如"设施"，每位组员需轮流在白板上写下与设施有关的一个词语。在规定时间内写得最多的小组获胜。

教学建议

- 可以让学生单独或两两一组完成句子。
- 可以做小组竞赛，看图造句，先造出正确句子的小组赢得一分。比如，老师给出一张奥运会项目的图片，学生可以说“XXX 是奥运会项目之一”。

3 用所给结构及词语看图完成句子

结构：北大是中国最著名的大学之一，也是世界一流的大学。

① 

写博客是我的爱好之一。

② 

做义工是我的课外活动之一。

③ 

经济学是我想在大学学的专业之一。

④ 

汉字难是我学汉语的困难之一。

教学建议

- 可以设置成采访任务。要求学生采访其他班级或其他年级的同学，将采访结果以书面作业的形式提交。

4 根据实际情况回答问题

1) 你在这所学校读了几年了？你喜欢这所学校吗？为什么？

2) 你今年有几门课？有什么课？你对哪门课最感兴趣？你觉得哪门课最难？为什么？

3) 你今年参加了什么课外活动？你周末有活动吗？

4) 你做过义工吗？你是在哪儿做义工的？每个星期做几次？一次做多长时间？

5) 你想去中国上大学吗？为什么？你大学想学什么专业？

6) 你大学毕业以后想做什么工作？你想去哪里工作？

7) 你想去中国工作吗？为什么？

课文 1 10

你中学毕业(bì yè)以后有什么打算?

我打算报考(bào kǎo)北京大学。大学毕业以后我可能留(liú)在中国工作，也可能回到新加坡工作。

你为什么想去北大?

北大是中国最著名的大学之一(zhī yī)，也是世界一流(yī liú)的大学。在北大学习，毕业以后找工作应该会容易一些。

那你想去北大学什么专业(zhuān yè)?

我比较了解(liǎo jiě)自己。我不想当会计师(kuài jì shī)，不想学法律(fǎ lǜ)，也不想学医。我对商科和经济学(jīng jì xué)比较感兴趣，但还没想好。这也是我想去北大的原因(yuán yīn)之一，那里的商科和经济学都很有名。

为了申请北大，你做了哪些准备?

除了努力学习、争取(zhēng qǔ)最好的成绩以外，我还参加了一些课外活动，比如做义工(yì gōng)、做慈善(cí shàn)工作等。我还计划(jì huà)明年暑假去中国的边远地区(biānyuǎn dì qū)教英语。相信这些都会对我申请(shēnqǐng)北大有帮助。

教学建议

- 课文重点培养学生的口语交际能力。
- 可以先听课文，让学生边听边做笔记，然后回答问题。
- 在讲解课文之前，展示拿走重点词语的课文，让学生做完型填空。
- 课文讲解之后可以做文化方面的扩展，让学生在调查研究后分小组展示中国的著名大学、大学种类以及热门专业。

教学建议

- 可以先带领学生使用"动词 + 好"来做短句练习，然后在短句的基础上扩展句子。
- 注意提示学生在句末使用"了"。

5 用所给结构及词语完成句子

结构：去北大学什么专业我还没想好。

1) 午饭我已经 做好了。请大家去餐厅吃饭吧 。（做）

2) 碗筷她已经 摆好了。你把做好的菜摆到餐桌上吧 。（摆）

3) 做晚饭需要的菜 我已经买好了。我现在就去帮你洗菜 。（买）

4) 他已经把校服 换好了。你快开车送他去学校 。（换）

5) 今年的暑期活动我已经 安排好了。你不用担心 。（安排）

6) 他大学已经 申请好了。他最想进的大学是清华大学 。（申请）

教学建议

- 分小组讨论，每位小组成员都给一个编号，规定时间一到就喊一个编号，有相同编号的组员需要汇报小组讨论的内容。

6 小组讨论

要求 说一说你中学毕业以后的打算。

1) 你中学毕业以后有什么打算？

2) 你最想去哪所大学？为什么？

3) 你大学想学什么专业？为什么？

4) 为了进这所大学，你做了哪些准备？

交通大学

清华大学

生词 2

bù fen
❶ 部分 part; portion

mèng
❷ 梦（夢）dream

mèngxiǎng
梦想 dream

gǎi
❸ 改 change

biàn
❹ 变（變）change

gǎi biàn
改变 change

duì dà bù fen rén lái shuō xiǎo shí hou de mèngxiǎng zhǎng dà hòu kě néng huì gǎi biàn
对大部分人来说，小时候的梦想长大后可能会改变。

Grammar: "对 ... 来说" indicates that a judgement is directed at a certain person or thing.

lì
❺ 例 example

lì zi
例子 example

shòu
❻ 授 teach

jiào shòu
教授 professor

yì
❼ 艺（藝）art

yì shù
艺术 art

yì shù jiā
艺术家 artist

huà jiā
❽ 画家 painter; artist

shù xué jiā
❾ 数学家 mathematician

zhì
❿ 稚 young

yòu zhì
幼稚 young

yòu zhì yuán
幼稚园 kindergarten

jiù shì
⓫ 就是 just; only

shàng yòu zhì yuán shí wǒ shén me dōu xǐ huan jiù shì bú yuàn yì huà huàr
上幼稚园时我什么都喜欢，就是不愿意画画儿。

huì
⓬ 绘（繪）paint; draw

huì huà
绘画 drawing; painting

shòu
⓭ 受 receive

shàng xiǎo xué hòu shòu fù mǔ yǐng xiǎng wǒ cái kāi shǐ duì huì huà gǎn xìng qù
上小学后，受父母影响，我才开始对绘画感兴趣。

Grammar: Pattern: 受 ... 影响

ào lín pǐ kè
⓮ 奥林匹克 Olympic

jìng
⓯ 竞（競）compete

jìng sài
竞赛 competition

míng
⓰ 名 a measure word (used for people)

wǒ jīng cháng cān jiā shì li de ào lín pǐ kè shù xué jìng sài yǒu yí cì hái dé le dì yī míng
我经常参加市里的奥林匹克数学竞赛，有一次还得了第一名。

yī xué
⓱ 医学 medical science

qù nián wǒ yòu ài shàng le yī xué
去年，我又爱上了医学。

yǒu guān
⓲ 有关 relevant

wǒ dú le yì xiē yǒu guān yī xué de shū
我读了一些有关医学的书。

jiàn xí
⓳ 见习 learn on the job

wǒ měi ge xīng qī liù dōu qù yī yuàn jiàn xí
我每个星期六都去医院见习。

生词教学

- 可以列出一些生词，让学生查找同义词，比如：梦想、理想；改变、变化；绘画、画画儿；竞赛、比赛；见习、实习。
- 可以从词素入手，串联有相同词素的词语，比如：教授、教师；艺术家、画家、数学家；医学、数学、化学、科学。

7 用所给结构及词语看图完成句子

教学建议

- 可以做小组竞赛，让学生对图片里的某样事物“鸡蛋里挑骨头”。比如，老师展示一张中国菜的图片，学生可以说“中国菜样样都好吃，就是很难做”。

上幼稚园时我什么都喜欢，就是不愿意画画儿。

① 

爷爷什么运动都喜欢，就是不喜欢打高尔夫球。

② 

哥哥什么科目都学得不错，就是数学学得不太好。

③ 

快餐挺好吃的，就是吃多了不健康。

④ 

那双鞋穿起来很舒服，就是太贵了。

8 根据实际情况回答问题

教学建议

- 可以让学生两人一组，交换着进行问答，问的学生要将答的学生所说的内容写下来。被抽到的小组每人轮流汇报回答的内容。

1) 你妈妈做什么工作？她对你有什么影响？

2) 你爸爸做什么工作？他以前做过什么工作？他喜欢现在的工作吗？他对你有什么影响？

3) 你小时候的梦想是什么？你小时候的梦想跟现在的一样吗？

4) 你对绘画感兴趣吗？你会画什么画儿？

5) 你数学学得怎么样？你参加过奥林匹克数学竞赛吗？

6) 你平时喜欢看什么书？你最近在看什么书？这本书好看吗？介绍一下这本书。

7) 你见习过吗？你最想去哪里见习？

9 用所给结构及词语看图完成句子 见参考答案

结构：受父母影响，我开始对绘画感兴趣。

①

……，我睡觉前也……

②

……，我也……

③

……，我也……

④

……，今天会……

教学建议

- 注意“影响”之前可以是“的”字结构，比如“受父母的影响”。
- 完成句子后，可以让学生两人一组用所给的结构谈谈受过谁的影响，发生了怎样的改变，然后在班上做分享。

10 听课文录音，回答问题

1) 她父母做什么工作？
爸爸是大学教授，妈妈是艺术家。

2) 父母希望她长大后做什么？
做画家。

3) 她上幼稚园时不愿意做什么？
不愿意画画儿。

4) 她是从什么时候开始对绘画感兴趣的？
上了小学以后。

5) 她上初中时的理想是什么？
做数学家。

6) 她从去年开始看什么书？
看有关医学的书。

7) 她这个学期有什么特别的“课外活动”？
去医院见习。

8) 她中学毕业后有什么打算？
她打算去学医，希望可以进世界一流的医学院。

33

教学建议

- 先让学生默读或朗读题目及选项，再听课文。
- 提醒学生边听课文边做笔记。
- 课文录音播放两遍，第一遍和第二遍播放中间要有停顿。

第 10 题　补充练习

1. 为什么她上初中时的理想是做数学家？
2. 为了进医学院她做了哪些准备？

第 9 题　参考答案

1. 受妈妈影响，我睡觉前也喜欢看书。
2. 受同学的影响，我也开始对下棋感兴趣了。
3. 受朋友的影响，我也开始喜欢养宠物了。
4. 受台风的影响，今天会下大雨、刮大风。

教学建议

- 课文重点培养学生的书面语交际能力。
- 可以在讲解课文之前，展示拿走重点词语的课文，让学生做完型填空。
- 可以布置写作作业，让学生谈谈自己的理想或梦想是否因某些人而发生了改变。

课文 2

对大部分人来说，小时候的梦想长大后可能会改变。我就是一个例子。

我爸爸是一位教授，在大学教油画。我妈妈是一位艺术家。从小父母就希望我能成为画家，但是听外婆说，上幼稚园时我什么都喜欢，就是不愿意画画儿。上小学后，受父母影响，我才开始对绘画感兴趣。上初中后，我的数学成绩很好，经常参加市里的奥林匹克数学竞赛，有一次还得了第一名。那时我的理想是做数学家。

去年，我又爱上了医学。我读了一些有关医学的书，还订了两本医学杂志。从这个学期开始，我每个星期六都去医院见习。中学毕业后，我打算去学医。希望我可以进世界一流的医学院。

11 用所给结构及词语完成句子

结构：对大部分人来说，小时候的梦想长大后可能会改变。

1) 对很多人来说，家庭幸福是最重要的。（家庭幸福）

2) 对一些学生来说，争取考试得高分是他们的希望。（考试）

3) 对外国学生来说，汉字容易写，但是很难记。（汉字）

4) 对老师来说，学生学习不努力是他们的烦恼。（学生）

5) 对爸爸来说，工作第一。所以他很少在家。（工作）

6) 对我来说，最烦恼的是我很难跟我的父母沟通。（烦恼）

12 用所给结构及词语看图完成句子

结构：我经常参加市里的奥林匹克数学竞赛，有一次还得了第一名。

① 

他经常参加奥林匹克物理竞赛。这次物理竞赛，他得了第一名。

② 

学校运动会上，他跑了100米短跑。他得了第一名。

③ 

她上个月参加了歌唱比赛，得了冠军。

④ 

姐姐最近参加了绘画比赛，得了第二名。

教学建议

- 分小组讨论，每位小组成员都给一个编号，规定时间一到就喊一个编号，有相同编号的组员汇报小组完成的句子。

教学建议

- 可以让学生说说例句中的“得”可以用什么动词替换。
- 注意动词“得”读第二声。
- 写完句子后，可以让学生互相问参加过什么比赛，得了第几名，然后抽几位学生做汇报。

教学建议

- 建议让学生两两一组，选择一个情景进行角色扮演，然后在班上做展示。
- 其中一个组做展示时，其他的小组需根据评分标准对该组的表现进行评估。得分最高的小组获胜。

13 角色扮演

情景1 你申请去一所小学做义工。

例子：

校长秘书： 你以前做过义工吗？做过什么义工？

你： ……

校长秘书： 你是什么时候做义工的？做了多长时间？

你： ……

校长秘书： 你会说什么语言？你能为我们学校做什么？

你： ……

校长秘书： 你想一周做几天义工？每次做几个小时？

你： ……

校长秘书： 你想做多长时间？

你： ……

校长秘书： 你希望从什么时候开始做义工？

你： ……

情景2 你想参加一个油画班。你去了你家附近的一个绘画中心。

例子：

你： 你们有油画班吗？

秘书： ……

你： 我学过一年油画。我是在学校学的。你觉得我应该参加哪个班？

秘书： ……

你： 这个班一个星期上几次课？哪天上课？什么时候上课？

秘书： ……

你： 每次课多长时间？

秘书： ……

你： 这个班有多少人？

秘书： ……

你： 学费是多少？

秘书： ……

你： 哪天开始上课？我要带什么来上课？

秘书： ……

14 口头报告

要求 说一说你小时候的梦想和现在的理想。

例子：

跟大部分人一样，我小时候的梦想跟现在的理想已经不同了。

上小学以前，我喜欢唱歌、跳舞。听妈妈说，我小时候想当歌手。

上小学以后，妈妈给我买了一架钢琴，还请了一位钢琴老师教我弹钢琴。我学了三年钢琴，但是我一点儿都不喜欢弹钢琴。上四年级的时候，我的好朋友学拉小提琴，所以我也让妈妈给我买了一把小提琴。我的小提琴老师教得很好，我也拉得不错。我经常参加比赛，有一次还得了第一名。那时候我的理想是当小提琴家。

上中学以后，我开始对绘画感兴趣。我现在想当画家。中学毕业以后，我打算去美术学院学油画。

你可以用

a) 我从七岁开始练武术。那时候我很想当武打明星。上中学以后，我就不再练了。

b) 我小时候练过体操，还参加过表演。那时候我很想参加奥林匹克运动会。上中学以后，我爱上了花样滑冰，对练体操不感兴趣了。

c) 我小时候想做运动员，现在想当演员。我真的很喜欢表演！

d) 我是在加拿大出生、长大的。我特别喜欢滑雪。我从五岁就开始滑雪，已经滑了十年了。我滑雪滑得很好，还在市里的滑雪比赛中得过第一名。我的理想是当职业滑雪运动员。

e) 我的理想是当商人，因为我父母都是成功的商人。

教学建议

- 可以让学生用录音软件独立完成口头报告，上传到班级网站或汇总给老师，老师可以挑选一部分录音到班上播放，让学生猜猜这是谁的梦想或理想。
- 老师跟学生可以一起根据评分标准给播放的口头报告打分。

第四课 旅游

教学目标

1. 掌握疑问代词的任指用法、百分比和分数的表达。
2. 能简要地介绍某个旅游目的地，并给出旅游建议。
3. 了解中国的基本国情，并能口头介绍一个国家的基本国情。

教学重点

1. 生词重点：行政、面积、华裔、繁华、独特、四通八达、文明、全称、超过、占、总、省、自治区、直辖市
2. 短语重点：特别行政区、美食天堂、公共交通、文明古国、少数民族
3. 语言点重点：疑问代词的任指用法
4. 交际重点：谈论旅游目的地，介绍中国及其他国家的基本国情。

教学提示

1. 百分比

百分数可以看作是一种特殊的分数，用“百分之 N”表示，N 指 0–100 之间的任意数。

结构： 百分之……（……%）

示例： 我们学校有一千两百名学生，其中百分之四十五（45%）是男生。

2. 疑问代词的任指用法

疑问代词“什么”“哪儿”“谁”“什么时候”等可以用来表示任指。

结构 A： 疑问代词 + 都

示例： 你穿哪件衣服都好看。

她谁都不喜欢。

结构 B： 疑问代词 + 就 + 动词 + 疑问代词

示例： 今天是星期天，你想睡多久就睡多久。

明天是你的生日，你爱买什么就买什么。

3. 分数

汉语里分数的表达先说分母后说分子。

结构： 分母 + 分之 + 分子

示例： 中国的人口占世界人口的五分之一。

百分之九十一的香港人是华裔。

教学流程

1. 结合练习 1、练习 3 学习语言点 1、2。
2. 学习生词 1 和课文 1，完成练习 2、4。
3. 结合语言点 3 学习生词 2，完成练习 5、6、7，然后听录音学习课文 2，完成其余练习。

第四课 旅游

生词教学

- 行政：可以进行词汇扩展，比如行政区、行政大楼、行政校长。
- 特别行政区：让学生说一说中国的特别行政区。
- 建议用香港地图来介绍香港地名。
- 注意"华裔"的"华"与"繁华"的"华"语义的区别，前者指中华，后者表示美丽、有光彩。
- 建议从词素"华"出发，做词汇扩展，比如华裔、华人、华语。
- 可以让学生说说在中国哪些城市算得上大都市，谈谈什么样的食物算得上美食。
- 可以利用录音、PPT和生词卡片练习生词。

生词 1 (13)

❶ 行 (xíng) carry out　❷ 政 (zhèng) administrative affairs of certain government departments　行政 (xíng zhèng) administrative

行政区 (xíng zhèng qū) administrative area or region　特别行政区 (tè bié xíng zhèng qū) special administrative region

❸ 岛（島）(dǎo) island　香港岛 (xiāng gǎng dǎo) Hong Kong Island　半岛 (bàn dǎo) peninsula　离岛 (lí dǎo) islets off a big island

❹ 九龙 (jiǔ lóng) Kowloon　❺ 新界 (xīn jiè) New Territories　香港包括香港岛、九龙半岛和新界。(xiāng gǎng bāo kuò xiāng gǎng dǎo, jiǔ lóng bàn dǎo hé xīn jiè)

❻ 四周 (sì zhōu) all around　❼ 许（許）(xǔ) expressing extent or amount　许多 (xǔ duō) lots of

❽ 积（積）(jī) accumulate　面积 (miàn jī) area　香港面积不大。(xiāng gǎng miàn jī bú dà)

❾ 华（華）(huá) China; prosperous　❿ 裔 (yì) descendants　华裔 (huá yì) foreign citizens of Chinese origin or descent

香港有七百多万人，其中百分之九十一是华裔。(xiāng gǎng yǒu qī bǎi duō wàn rén, qí zhōng bǎi fēn zhī jiǔ shí yī shì huá yì)　Note: 百分之九十一 = 91%

⓫ 繁华 (fán huá) flourishing; bustling　⓬ 都市 (dū shì) city; metropolis　⓭ 美食 (měi shí) delicious food

⓮ 天堂 (tiān táng) paradise　香港既是"美食天堂"又是"购物天堂"。(xiāng gǎng jì shì měi shí tiān táng yòu shì gòu wù tiān táng)

⓯ 郊 (jiāo) suburbs　⓰ 野 (yě) open country; wild land　郊野 (jiāo yě) outskirts; countryside　⓱ 自然 (zì rán) nature

⓲ 独特 (dú tè) unique　香港有许多郊野公园，那里的自然风景非常独特。(xiāng gǎng yǒu xǔ duō jiāo yě gōng yuán, nà li de zì rán fēng jǐng fēi cháng dú tè)

⓳ 你想吃什么就能吃到什么。(nǐ xiǎng chī shén me jiù néng chī dào shén me)

Grammar: Here "什么" means whatever. "就" must be used.

⓴ 香港仔 (xiāng gǎng zǎi) Aberdeen (a place in Hong Kong)　㉑ 公共交通 (gōng gòng jiāo tōng) public transportation　公共交通 = 公交 (gōng jiāo)

㉒ 达（達）(dá) go through to　四通八达 (sì tōng bā dá) extend in all directions　香港的公共交通四通八达。(xiāng gǎng de gōng gòng jiāo tōng sì tōng bā dá)

㉓ 渡 (dù) cross　渡轮 (dù lún) ferryboat　㉔ 去处 (qù chù) place　香港是一个旅游的好去处。(xiāng gǎng shì yí ge lǚ yóu de hǎo qù chù)

1 上网查资料，用所给结构完成句子 见参考答案

结构：香港面积不大，有七百多万人，其中百分之九十一是华裔。

① 澳门面积很小，有六十二万人，其中……

② 新加坡……

③ 美国……

④ 加拿大……

教学建议

- 可以让学生两两一组上网查资料完成此题，老师抽检完成情况。

2 角色扮演

情景 你下个星期要去香港旅游。听说香港是一个"购物天堂"，你打算去那里买一些东西。你去银行换港币。

你可以用

a) 人民币 RMB
b) 美元 US dollar
c) 英镑(yīng bàng) pound sterling
d) 欧元 Euro
e) 卢布(lú bù) Russian ruble
f) 日元 (Japanese) yen
g) 加元 Canadian dollar
h) 澳元 Australian dollar

例子：

你：我要换(huàn)五千港币。

银行职员(zhí yuán)：好。今天美元对港币的汇率(huì lǜ)是一比七点七五。换五千港币要六百四十五块二。

你：给你六百五十块。

银行职员：给你五千港币，找你四块八美元。

你：谢谢。再见！

39

教学建议

- 可以先展示几种货币，让学生辨认，或让学生做货币图片与名称的配对练习。
- 注意汇率的表达法是"一比X"。
- 可以使用汇率换算网站让学生用"换……要……"的结构做汇率换算练习。
- 可以让学生两两一组，每一组用不同的币种做角色扮演。

第1题 参考答案

1. 百分之九十六是华人。
2. 的面积为七百零四平方公里，常住人口大约五百一十八万，其中百分之七十四是华裔。
3. 的面积有九百三十七万多平方公里，人口有三亿一千五百万，其中百分之二十四是亚裔。
4. 的面积是九百九十八万平方公里，人口有三千五百多万，其中百分之七十六点七是欧裔。

3 用所给结构完成句子 见参考答案

A 结构：我哪儿都想去。 他什么都想试试。

你几点来我家都可以。 你什么时候去香港都可以。

她哪件衣服都喜欢。 谁都可以参加比赛。

1) 不管遇到什么事 我都跟父母讲。

2) 无论谁提的建议 我都愿意听。

3) 这是我第一次来北京，我哪儿都想去看看。

4) 你想看哪部电影 都可以。

5) 明天你怎么来 都行。

6) 你什么时候给我打电话 都可以。

B 结构：你想买什么就能买到什么。 你能写多少就写多少。

我们想几点来就几点来。 你想怎么做就怎么做。

1) 假期里，你想几点起床 ______。

2) 学校为我们提供了丰富多彩的课外活动，______。

3) 我家楼下有一家 24 小时便利店，______。

4) 妈妈为派对准备了很多好吃的，______。

5) 图书馆里有很多书，______。

6) 我很喜欢吃自助餐，______。

教学建议

- 针对结构 A 可以先做填写疑问代词的练习，然后再完成句子。
- 分成小组完成结构 A 和 B 的练习题，每位小组成员都给一个编号，规定时间一到就喊一个编号，有相同编号的组员需要汇报该组讨论的结果。

第 3 题 结构 A 补充练习

1. 你想去____旅游都可以。
2. 你____去那家超市都可以，它是 24 小时营业的。
3. 她第一次到法国来玩，____美食都想试试。
4. 这个游泳池只对小孩开放，不是____都可以进去游的。

第 3 题结构 B 参考答案

1. 就可以几点起床
2. 我们想参加哪个就可以参加哪个
3. 你想几点去就几点去
4. 你想吃什么就可以吃什么
5. 你想看什么书就可以看什么书
6. 想吃多少就可以吃多少

课文 1 14

你能介绍一下香港吗？

香港是中国的特别行政区。香港包括香港岛、九龙半岛和新界。香港四周还有许多离岛。香港面积不大，有七百多万人，其中百分之九十一是华裔。

香港一定很繁华吧？

对。香港是一个繁华的都市，既是“美食天堂”又是“购物天堂”。香港还有许多郊野公园，那里的自然风景非常独特。

为什么叫香港“美食天堂”、“购物天堂”？

因为在香港有世界各国的饭店。你想吃什么就能吃到什么。在香港，从世界名牌商品到物美价廉的日用百货样样都有。你想买什么就能买到什么。

你最喜欢哪个郊野公园？

我最喜欢香港仔郊野公园。

香港的交通方便吗？

香港的公共交通四通八达。除了公交车，还有电车、地铁、渡轮等等。香港是一个旅游的好去处。

教学建议

- 课文重点培养学生的口语交际能力。
- 可以边听课文边让学生填写一张有关香港的信息表，表格里的项目包括面积、人口、旅游特色、交通方式等，然后让学生根据所填写内容用自己的话介绍香港。
- 可以分小组，让学生模拟课文 1 的对话，介绍澳门或者其他城市，然后在班上做展示。

教学建议

- 可以先让学生观看一些关于旅游推介的小视频。
- 可以将此题布置成小组作业，每组为一个旅游目的地制作宣传册或PPT，然后在班上做展示以及角色扮演。
- 制定评分标准来评价小组作业。

4 角色扮演

情景 你想去度假。你跟旅行社的职员咨询。

例子：

职员： 你想去哪儿旅行？

你： 我听说台北是一个旅游的好去处。请你为我介绍一下。

职员： 台北在台湾岛的北部，是台湾最大的城市。

你： 在台北可以做什么？

职员： 你可以去参观故宫博物院。那是一座艺术宝库。你还可以去士林夜市。那是台北最有名的夜市。在士林夜市你可以买到各种流行服饰，价钱都挺便宜的。在那里，你还可以吃到各种小吃和台湾地道的美食，好吃得不得了。

你： 台北的自然风景怎么样？

职员： 台北周围的自然风景非常漂亮。我建议你去阳明山国家公园，那里风景优美，还可以泡温泉。

你： 听起来不错。……

你可以用

a) 北京是中国的首都。

b) 北京有很多名胜古迹。你可以游览故宫、天安门、颐和园等著名旅游景点。

c) 坐人力车逛北京胡同一定会给你留下深刻的印象。

d) 北京的古建筑非常独特。

e) 你可以去登长城。长城很长，像一条巨龙一样。

f) 北京是一个既古老又现代的城市。

g) 北京有大商场，也有小商店。你在北京可以买到很多有中国特色的东西。

生词 2 15

❶ wénmíng 文明 civilized; civilization ❷ gǔ guó 古国 country with a long history zhōngguó shì shì jiè sì dà wénmíng gǔ guó zhī yī 中国是世界四大文明古国之一。

❸ chēng 称（稱）name quánchēng 全称 full name ❹ gòng hé guó 共和国 republic zhōng huá rén mín gòng hé guó 中华人民共和国 the People's Republic of China

❺ lì 立 set up chéng lì 成立 establish; found zhōng huá rén mín gòng hé guó 中华人民共和国 1949 nián 年 10 yuè 月 1 rì 日 chéng lì 成立。

❻ píngfāng 平方 square ❼ gōng lǐ 公里 kilometre ❽ pái 排 arrange in order ❾ zhī hòu 之后 after; afterwards

zhōngguó shì shì jiè dì sān dà guó pái zài é luó sī hé jiā ná dà zhī hòu 中国是世界第三大国，排在俄罗斯和加拿大之后。

❿ mù qián 目前 at present ⓫ rén kǒu 人口 population ⓬ chāo guò 超过 surpass ⓭ yì 亿（億）hundred million

⓮ zhàn 占（佔）make up mù qián zhōng guó de rén kǒu yǐ jīng chāo guò le shí sān yì zhàn shì jiè rén kǒu de wǔ fēn zhī yī 目前中国的人口已经超过了十三亿，占世界人口的五分之一。

Note: 五分之一 = $\frac{1}{5}$

⓯ zú 族 ethnic group mín zú 民族 nationality hàn zú 汉族 Han nationality

⓰ shǎo shù 少数 minority shǎo shù mín zú 少数民族 minority nationality ⓱ zǒng 总 total

⓲ shěng 省 province ⓳ zhì 治 rule; govern zì zhì qū 自治区 autonomous region

⓴ xiá 辖（轄）govern zhí xiá shì 直辖市 municipality directly under the Central Government

㉑ shān dì 山地 mountainous region ㉒ yuán 原 plain; open country gāo yuán 高原 plateau píngyuán 平原 plain; flatlands

㉓ xíng 形 form; shape dì xíng 地形 terrain

㉔ yán hǎi 沿海 coastal zhōngguó de dōng nán yán hǎi yǒu xǔ duō dǎo 中国的东南沿海有许多岛。

㉕ tái wān dǎo 台湾（灣）岛 Taiwan Island ㉖ hǎi nán dǎo 海南岛 Hainan Island

㉗ hé 河 river hé liú 河流 rivers ㉘ hú 湖 lake ㉙ pō 泊 lake hú pō 湖泊 lakes

㉚ jiāng 江 river chángjiāng 长江 the Yangtze River ㉛ huáng hé 黄河 the Yellow River

生词教学

- 可以把生词按照语义来分类，比如，国情：古国、共和国、面积、人口、民族、地形；行政划分：省、自治区、直辖市、特别行政区；地形：山地、高原、平原；地理名词：岛、江、河、湖、泊、长江、黄河。
- 可以列出一些英文的国家名，让学生用中文写出这些国家的简称和全称。
- 以一个国际比赛的排名榜引出“排在……之后”或“排在……之前”这两个表达，然后让学生造句。
- 目前：可以进行拆词释义。“目”指眼睛，而“前”是前面；眼前能看到，不会是过去的，也不是将来的，而是现在的。
- 占：可以让学生用“占……的（分数 / 百分比）”这一结构进行中英对译练习。
- 可以利用录音、PPT 和生词卡片练习生词。

教学建议

- 可以利用网上关于“Big numbers in Chinese”的教学视频来讲解大于10小于100亿的数。
- 可以用Kahoot做小组抢答赛，用时最短、答对数字最多的小组获胜。
- 可以做数字听写练习。可以老师说，学生写，也可以学生之间互相听写。

5 学一学

十亿	亿	千万	百万	十万	万	千	百	十	个	
								3	6	三十六
							5	2	1	五百二十一
						9,	2	0	4	九千二百零四
					7	8,	0	0	0	七万八千
				2	0	0,	5	4	0	二十万零五百四十
			6,	3	8	0,	0	0	0	六百三十八万
		8	1,	4	3	0,	0	0	0	八千一百四十三万
	4	5	3,	0	6	3,	0	0	0	四亿五千三百零六万三千
1,	3	0	0,	0	0	0,	0	0	0	十三亿

1) 231 两百三十一
2) 4,816 四千八百一十六
3) 719,800 七十一万九千八百
4) 5,496,070 五百四十九万六千零七
5) 3,854 三千八百五十四
6) 32,900 三万两千九百
7) 800,000 八十万
8) 7,050,800 七百零五万零八百
9) $\frac{3}{5}$ 五分之三
10) $\frac{1}{2}$ 二分之一
11) 78.5% 百分之七十八点五
12) 25% 百分之二十五

教学建议

- 可以先列出几大洲的名称，再让学生根据结构完成句子。
- 可以说出几个地名，让学生在中国地图上找一找，学生需用“……在中国的……部”说明地理位置。

6 完成句子

例子：中国在亚洲的东南部。

1) 俄罗斯在 亚洲的东部。
2) 加拿大在 美洲的北部。
3) 美国在 北美洲的南部。
4) 英国在 欧洲的西北部。

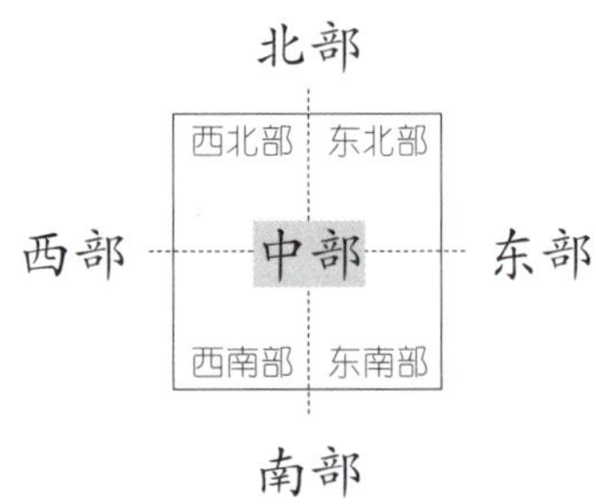

7 小组活动 见参考答案

要求 在规定的时间里上网找答案。

1) 中国是世界四大文明古国之一。其他三个文明古国是 ______

______________。

2) 全世界大约有 ________ 人。中国是世界上人口最多的国家。

排在第二的国家是 ________。

3) ________ 是世界第一大国，总面积有 ________ 平方公里。

4) 中国的五个自治区是 ________________。

5) 中国的两个特别行政区是 ________________。

6) 中国的首都是 ________。那里有 ________ 人。

7) 台湾岛在中国的 ________，总面积有 ________ 平方公里，

大约有 ________ 人。

8 听课文录音，回答问题

1) 中国的全称叫什么？
中华人民共和国。

2) 中国的面积有多大？
九百六十万平方公里。

3) 哪些国家比中国大？
俄罗斯和加拿大。

4) 目前中国有多少人？
超过十三亿。

5) 中国有多少个民族？
五十六个民族。

6) 中国有多少个省？
二十三个。

7) 中国的第一大岛是什么岛？
台湾岛。

8) 中国第二大河是什么河？
黄河。

45

教学建议

- 可以让小组查资料然后完成句子，用时最短、答案又准确的小组获胜。
- 可以用 Kahoot 做小组抢答赛。

教学建议

- 先让学生默读或朗读题目及选项，再听课文。
- 提醒学生边听课文边做笔记。
- 课文录音播放两遍，第一遍和第二遍播放中间要有停顿。
- 在检查完学生的答案后，可以补充几个问题让学生回答。

第 8 题 补充练习

1. 中华人民共和国是什么时候成立的？
2. 中国最大的民族是哪个民族？
3. 中国有怎样的地形？

第 7 题 参考答案

1. 古埃及、美索不达米亚和古印度
2. 七十多亿　　印度
3. 俄罗斯　　1709.82 万
4. 新疆、西藏、广西、宁夏和内蒙古
5. 香港和澳门
6. 北京　　2151 万
7. 东南部　　3.6 万　　两千三百万

教学建议

- 课文重点培养学生的书面语交际能力。
- 可以在讲解课文之前，展示拿走重点词语的课文，让学生做完型填空。
- 谈及中国的民族时，可以展示五十六个民族的图片，或者播放小视频，让学生能获得感官认识。
- 可以在教室里挂上显示中国地形的地图，让学生总结出中国的地形种类以及地理位置。

课文 2 16

中国是世界四大文明古国之一。中国的全称叫中华人民共和国。中华人民共和国 1949 年 10 月 1 日成立。

中国在亚洲的东南部。中国的面积有九百六十万平方公里，是世界第三大国，排在俄罗斯和加拿大之后。目前中国的人口已经超过了十三亿，占世界人口的五分之一，是世界上人口最多的国家。中国是一个多民族国家，一共有五十六个民族，其中汉族人口最多，少数民族人口占总人口的百分之八点四九。中国有二十三个省、五个自治区、四个直辖市和两个特别行政区。中国的首都是北京。

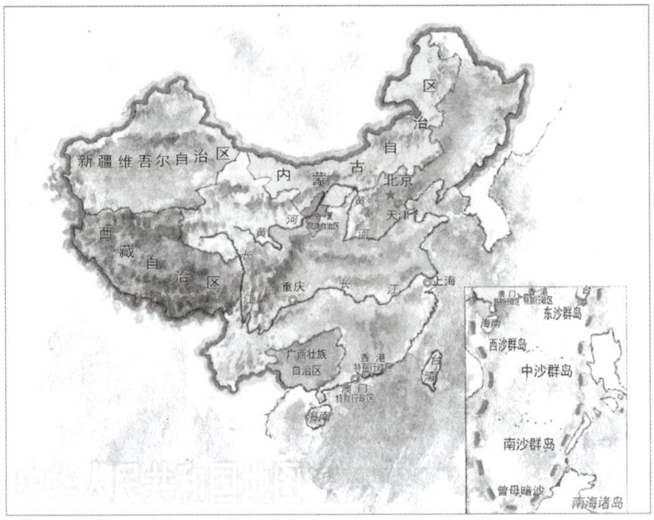

中国有山地、高原、平原等各种地形。中国的东南沿海有许多岛，其中台湾岛最大，海南岛是第二大岛。中国有许多河流和湖泊。长江是中国第一大河，世界第三大河。黄河是中国第二大河。

46

9 小组活动

要求 上网查资料，介绍一个国家。

例子：

• 中国的全称叫中华人民共和国。

• 中国在亚洲的东南部。

• 中国的面积有九百六十万平方公里，是世界第三大国。

• 中国的人口已经超过了十三亿，占世界人口的五分之一，是世界上人口最多的国家。

① **俄罗斯**

• 俄罗斯的全称叫……

• 俄罗斯在……

• 俄罗斯的面积……

• 俄罗斯的人口……

② **美国**

• 美国的全称叫……

• 美国在……

• 美国的面积……

• 美国的人口……

③ **新加坡**

•

•

•

•

④ **加拿大**

•

•

•

•

⑤ **英国**

•

•

•

•

⑥ **你的国家**

•

•

•

•

教学建议

- 每组可以介绍不同的国家，不仅仅局限于全称、地理位置、面积和人口等信息。
- 鼓励每位组员都参与国家的介绍。
- 小组汇报可以借助图片、地图或 PPT 等视觉材料。
- 其中一组在做介绍时，其他的小组需根据评分标准对该组的表现进行评估。得分最高的小组获胜。

教学建议

- 可以先让学生在课前查找有关某旅游目的地的资料，做好笔记，并准备一个1-2分钟的PPT。
- 学生做完PPT演示后，听者应向讲者问有关该旅游目的地的问题，讲者需要做出详尽的回答。
- 可以根据评分标准对口头表达及互动交流技能评分。

情景 你刚度假回来。你很喜欢那个地方，建议同学也去那里旅游。

例子：

你：我刚从海南岛度假回来。海南岛真是一个旅游的好去处！

同学：海南岛在哪里？

你：在中国的最南边，是中国第二大岛。

同学：那里有什么好玩的？

你：海南岛有山地、平原等地形。岛上有一百多条河。游(yóu)客(kè)可以爬山，还可以做很多水上运动，比如乘快艇、乘摩托艇、钓鱼等。三亚有中国最美的海滩。

同学：听起来很好玩。海南岛有什么特产？

你：……

海南岛

- 海南岛是中国第二大岛，是中国最南边的一个省。
- 海南岛的面积有三点五万平方公里，有八百六十多万人。
- 海南岛有山地、平原等地形。岛上有一百多条河。
- 海南岛长夏无冬，是一个旅游的好去处。
- 海南岛的特(tè)产(chǎn)有热(rè)带(dài)水果和海(hǎi)鲜(xiān)。
- 海(hǎi)口(kǒu)是海南岛的省(shěng)会(huì)。在那里可以看火(huǒ)山(shān)口(kǒu)、看古建筑、观赏热带植(zhí)物(wù)。
- 三(sān)亚(yà)有中国最美的海(hǎi)滩(tān)。
- 在亚(yà)龙(lóng)湾(wān)可做很多水上运动，比如潜(qián)水(shuǐ)、冲(chōng)浪(làng)、游泳、乘快(kuài)艇(tǐng)、乘摩(mó)托(tuō)艇(tǐng)、钓(diào)鱼(yú)。

11 根据实际情况回答问题

1) 你去过中国吗？去过几次？最近一次是什么时候？你是跟谁一起去的？去了哪几个城市？待了几天？你们在中国期间天气怎么样？

2) 你们在中国期间坐过高铁吗？你们一般乘坐什么交通工具？

3) 你们在中国期间住在哪里？你们住过公寓式酒店吗？

4) 你去过北京吗？北京是一座什么样的城市？北京有哪些著名的旅游景点？在北京期间，你吃了什么美食？买了什么纪念品？你对北京的印象怎么样？

5) 如果有机会去上海旅行，你会去吗？你打算什么时候去？去几天？去哪些景点？你想吃些什么？想买些什么？

台北

ào mén
澳门

lā sà
拉萨

海口

北京

教学建议

- 可以抽学生回答问题，也可让学生两人一组完成问答。
- 可以让学生自己准备几个有关在中国旅游的问题，然后指定某位同学回答。
- 可以布置写作作业，让学生写一篇旅游日志。

第五课 游学

教学目标

1. 理解并能使用可能补语、“呢”“好”“由……组成”“当……时”
2. 能识别繁体字对应的简体字。
3. 介绍并能谈论游学计划。
4. 介绍并能谈论汉语及母语的基本特征。

教学重点

1. 生词重点：麻烦、安排、特色、普通话、官方、使用、表示、例如、懂
2. 短语重点：记不住、遇到困难、看杂技表演、有特色、官方语言、看懂
3. 语言点重点：可能补语、“呢”“好”“由……组成”“当……时”
4. 交际重点：介绍并能谈论游学计划、汉语以及母语的基本特征。

教学提示

1. 可能补语

用在动词或形容词之后，表示能怎么样或不能怎么样。动词和补语之间有“得”或“不”。

结构： 动词 + 得 / 不 + 可能补语 + （宾语）

示例： 作业太多了，我今天做不完。

英国的全称太长了，我总是记不住。

今天买票的人不多，你应该买得到去上海的火车票。

注意： 可能补语和宾语同时出现时，宾语要放在可能补语的后面。

2. 呢

“呢”用在特指问句末尾，表示疑问。

结构： 特指问句 + 呢

示例： 你爸爸什么时候来接你呢?

你为什么总是不完成作业呢?

注意：“呢”有缓和语气的作用。

3. 好

助动词“好”表示可以。用在后一个小句中，表示前一小句中动作的目的。

结构：好 + 动词

示例：告诉我你家的地址，我好开车过去接你。

别忘了带伞，下雨好用。

注意：“好”前面的小句常常是祈使句。

4. 由……组成

结构：A + 由 + 成分 + 组成

示例：国际家庭日活动是由各国文化表演和有奖游戏组成的。

学校的棒球队是由 6 名七年级学生和 6 名八年级学生组成的。

5. 当……时

“当”是介词，表示事情发生的时间，分句末尾要有“时”或“的时候”与“当”相呼应。

结构：当 + 小句 / 动词 + 时 / 的时候

示例：当我不开心时，爸爸总是陪我去游泳或跑步。

当你爬上山顶时，就能看到最美的风景。

教学流程

1. 建议结合练习 12 导入本课话题，学习生词 1。
2. 结合练习 1、3、5 学习语言点 1、2、3，完成练习 2 小组活动和练习 4 口头报告，再听课文 1 回答问题。
3. 学习生词 2，语言点 4、5，结合练习 10 学习课文 2，再完成口头报告、编对话等练习。

生词教学

- 可以将生词分成“文化课、旅游景点、天气”等几类展开教学。
- 麻烦：在本课用作礼貌用语。
- 游学：可以拆分成“旅游”和“学习”来解释。
- 初级：可以扩展词语“中级”和“高级”。
- 可以利用录音、PPT和生词卡片练习生词。

第2单元

第五课　游学

生词 1 17

má fan　　yóu xué　　má fan nín gěi wǒ jiè shào yí xià shàng hǎi yóu xué jì huà
❶ 麻烦 bother (someone)　❷ 游学 study tour　麻烦您给我介绍一下上海游学计划。

wén huà　　zhè ge yóu xué jì huà bāo kuò liǎng ge bù fen: hàn yǔ kè hé wén huà kè
❸ 文化 culture　这个游学计划包括两个部分：汉语课和文化课。

kùn　　kùn nan
❹ 困 difficulty　困难 difficulty

zài hàn zì xué xí fāngmiàn, wǒ yù dào le yì xiē kùn nan. wǒ zǒng shì jì bu zhù hàn zì, xué le jiù wàng
在汉字学习方面，我遇到了一些困难。我总是记不住汉字，学了就忘。

Grammar: a) “不住” serves as the complement of potential.
b) Pattern: Verb+得/不+Complement of Result

chū jí　　fāng　　fǎ　　fāng fǎ　　nèi róng
❺ 初级 elementary　❻ 方 method　❼ 法 method　方法 method　❽ 内容 content

ne　　wén huà kè bāo kuò shén me nèi róng ne
❾ 呢 a particle　文化课包括什么内容呢？

Grammar: “呢” can be put at the end of a question to indicate a leisurely tone.

zhēng　　fēngzheng　　jiǎn　　jiǎn zhǐ
❿ 筝（箏）ancient Chinese zither　风筝 kite　⓫ 剪 cut (with scissors)　剪纸 paper-cut

jīng jù　　pǔ　　liǎn pǔ
⓬ 京剧 Beijing opera　⓭ 谱（譜）manual; guide　脸谱 types of facial make-up in Chinese operas

zá jì　　biǎo yǎn　　ān pái　　zhōu mò huì ān pái nǐ men kàn zá jì biǎo yǎn
⓮ 杂技 acrobatics　⓯ 表演 performance　⓰ 安排 arrange　周末会安排你们看杂技表演。

tān　　wài tān　　dōng fāng
⓱ 滩（灘）beach　外滩 the Bund (in Shanghai)　⓲ 东方 east

zhū　　míng zhū　　tǎ　　dōng fāng míng zhū diàn shì tǎ
⓳ 珠 pearl　明珠 bright pearl　⓴ 塔 tower　东方明珠电视塔 Oriental Pearl TV Tower

miào　　chénghuángmiào　　shī zi　　shī zi tóu
㉑ 庙（廟）temple　城隍庙 town god's temple　㉒ 狮子 lion　狮子头 large meatball

sè　　tè sè
㉓ 色 kind　特色 distinctive feature

hǎo　　nín zài gěi wǒ jiè shào yí xià shàng hǎi de tiān qì ba! wǒ hǎo jué dìng shén me shí hou qù
㉔ 好 so that　您再给我介绍一下上海的天气吧！我好决定什么时候去。

nuǎn huo　　liáng　　liáng kuai
㉕ 暖和 warm　㉖ 凉（涼）cool; cold　凉快 nice and cool

50

1 用所给结构及词语看图说话 见参考答案

结构：我总是记不住汉字，学了就忘。

香港是"购物天堂"，什么都买得到。

①	画　完 我今天可能画不完这幅水彩画。		④ 买　到	
②	看　完		⑤ 吃　完	
③	写　完		⑥ 考　上	

2 小组活动 见参考答案

要求　列出去中国各地游学的文化活动。

文化课

- 画京剧脸谱
- 剪纸
- 放风筝
- 画国画儿
- 写毛笔字
- 下象棋

各地的旅游景点

- 北京：故宫
- 上海：
- 哈尔滨：
- 西安：
- 香港：
- 台北：

教学建议

- 可以先带领学生熟悉"动词＋可能补语"，然后让学生两两一组完成练习，老师抽检完成情况。

第 1 题　补充练习

1. 作业太多，我今天__________。
2. 今天是星期三，坐火车的人不多，你肯定__________火车票。

教学建议

- "文化课"部分可以做小组接龙：第一个小组说出一个文化活动，第二个小组不仅要重复前一个组的活动名还要说出一个新的活动，依次往下叠加。不能重复前面所说的文化活动的，若不能说出新文化活动的小组被淘汰。
- "各地的旅游景点"部分可以用 Kahoot 做小组抢答赛，根据图片或景点名称找出对应的城市。

第 1 题　参考答案

2. 我是从这个星期一开始看小说《西游记》的。我今天可能看不完。
3. 今天的作业很多，我九点以前写不完。
4. 这几天北京去上海的火车票买不到。
5. 今天的饺子很好吃，我吃得完。
6. 我姐姐考得上北京大学。

第 2 题　参考答案

1. 北京：故宫、颐和园、长城
2. 上海：外滩、城隍庙
3. 哈尔滨：圣索菲亚大教堂、中央大街、太阳岛公园、冰雪大世界等
4. 西安：秦兵马俑、大雁塔、西安城墙等
5. 香港：山顶、海洋公园、迪士尼乐园等
6. 台北：台北故宫、台北 101，士林夜市等

3 用所给结构完成句子

结构：文化课包括什么内容呢？

1) 你大学想学 __什么__ 专业 __呢__ ？

2) 你大学毕业后想去 __哪儿__ 工作 __呢__ ？

3) __为什么__ 叫香港“美食天堂” __呢__ ？

4) 你 __为什么__ 不发表意见 __呢__ ？

5) 你 __为什么__ 总是跟哥哥吵架 __呢__ ？

6) 对你影响最大的人是 __谁呢__ ？

教学建议

- 可以让学生两人一组完成练习，老师抽检完成情况。

第 3 题　补充练习

1. ______才能去世界一流的医学院______？
2. 游学计划包括________课程______？

4 口头报告

要求 选一个中国的城市，介绍它的地理位置(wèi zhì)和气候(qì hòu)。

例子：

上海在中国的东南部。上海一年有四个季节：春天、夏天、秋天和冬天。上海的春秋比较短，冬夏比较长。

上海的四季很分明。春天挺暖和的，常常下雨，气温一般在十五度左右。……

你可以用

a) 北京的秋天常常是晴天。

b) 北京的夏天很少下雨。

c) 台北的夏天常常有台风。

d) 西安的冬天很冷，气温在五度到零下十度之间。

e) 南京的秋天天气最好，不冷也不热。

f) 上海的秋天气温在十度到十八度之间。

g) 哈尔滨的冬天特别冷，还常常下雪。

教学建议

- 可以分小组做报告，每个小组选择报告不同的城市，每位组员都要参与。
- 可以让学生用录音软件独立完成口头报告（报告中城市名用“这座城市”代替），上传到班级网站或汇总给老师。老师可以挑选一部分录音在班上播放，让学生猜猜这是哪一个城市。
- 让学生根据评分标准给口头报告打分。

课文 1 18

mà fan　　　　　　　　　yóu xué
麻烦您给我介绍一下上海游学计划。

这个游学计划包括两个部分：汉语课和文化课。
（wén huà）

我只学过一个学期汉语。在汉字学习方面，我遇到了一些困难。我总是记不住汉字，学了就忘。
（kùn nan）

那你可以参加初级班。我们的老师会教你记汉字的好方法。
（chū jí；fāng fǎ）

文化课包括什么内容呢？
（nèi róng ne）

文化课包括做风筝、剪纸、画京剧脸谱、画国画、写毛笔字等。周末会安排你们看杂技表演，游览外滩、东方明珠电视塔、城隍庙等景点。你们还有机会品尝上海美食，比如小笼包、狮子头等。
（fēngzheng；jiǎn zhǐ；jīng jù liǎn pǔ；ān pái；zá jì biǎo yǎn；wài tān；dōngfāngmíng zhū diàn shì tǎ；chénghuángmiào；shī zi tóu）

听起来很有特色。您再给我介绍一下上海的天气吧！我好决定什么时候去。
（tè sè；hǎo）

上海的春天挺暖和的。夏天非常热，气温常常在三十度以上。秋天很凉快。冬天不太冷，气温在零度左右。建议你春天或者秋天去。
（nuǎn huo；liáng kuai）

教学建议

- 课文重点培养学生的口语交际能力。
- 可以让学生边听课文边填写上海游学计划的信息表，表格里的项目包括目的地、目的地的天气情况、课程内容等。
- 可以听写句子或段落：老师指定一个记忆力最好的学生在白板上写，其他同学在座位上写，不会写的词可以抬头看白板。老师应及时订正示范学生的听写错误。

教学建议

- “好”前面的句子可以表示祈使，也可以表示计划或打算。
- 可以让学生两人一组完成句子，老师抽检完成情况。

5 用所给结构及词语完成句子

结构：您再给我介绍一下上海的天气吧！我好决定什么时候去。

1) 快把碗筷摆好，我们好 马上吃饭 。（吃饭）

2) 你先告诉我你打算在北京待几天，我们好安排你的活动。（安排）

3) 快把作业做完，你好有时间看电影 。（看电影）

4) 我想把数码相机带上，你好帮我拍照片 。（拍照片）

5) 请把毛笔、墨水、纸准备好，我好写毛笔字 。（写毛笔字）

教学建议

- 可以先让学生按照“北京九日游学团”这一示例写一个游学通知。
- 通知写完后，学生两人一组做角色扮演，互相问对方的游学计划内容。老师抽几组在班上做展示。

6 角色扮演

情景 你给负责游学团（yóu xué tuán）的王小姐打电话咨询。可以参用以下问题。

1) 这个游学团包括几个部分？

2) 学生每天都上汉语课吗？一天上几个小时汉语课？

3) 文化课包括什么内容？

4) 周末有什么活动？

5) 学生住在哪里？

6) 团费（tuán fèi）是多少钱？

北京九日游学团

日期：10 月 24 至 11 月 1 日

团费：12,000 人民币（包括食宿（shí sù）、门票（mén piào）和交通费）

汉语课：周一至周五 8:30-12:30

文化课：周一至周五 13:30-16:30
做风筝、画京剧脸谱、画国画、写毛笔字、剪纸、练武术、跳民族舞

旅游：周末
游览长城、颐和园、故宫、天安门广场、胡同、奥林匹克公园、鸟巢（niǎo cháo）、水立方（shuǐ lì fāng），参观北京大学，观看杂技表演

住宿：北京大学学生宿舍（sù shè）

生词 2 (19)

❶ pǔ 普 general; common　pǔ tōng 普通 ordinary; common　pǔ tōng huà 普通话 putonghua, common speech (of the Chinese Language)

❷ guān 官 government official　guānfāng 官方 official

hàn yǔ pǔ tōng huà shì zhōng guó de guānfāng yǔ yán
汉语普通话是中国的官方语言。

❸ lù 陆（陸） land　dà lù 大陆 continent; mainland　❹ mǎ lái xī yà 马来西亚 Malaysia

❺ shǐ 使 use　shǐ yòng 使用 use　❻ dú yīn 读音 pronunciation　❼ pīn 拼 put together　pīn yīn 拼音 Pinyin

❽ shì 示 show　biǎo shì 表示 express; show

hàn yǔ de dú yīn kě yǐ yòng pīn yīn biǎo shì
汉语的读音可以用拼音表示。

❾ shēng 声（聲） tone　❿ diào 调 tone　shēngdiào 声调 tone

pǔ tōng huà yǒu sì ge shēngdiào
普通话有四个声调。

⓫ què 确（確） true　zhèng què 正确 correct　⓬ fā yīn 发音 pronunciation　⓭ cí 词（詞） word

⓮ duō shù 多数 majority; most　dà duō shù 大多数 great majority　⓯ yóu 由 by

⓰ zǔ chéng 组成 consist of

hàn yǔ de cí dà duō shù shì yóu liǎng ge huò liǎng ge yǐ shàng hàn zì zǔ chéng de
汉语的词大多数是由两个或两个以上汉字组成的。

▲ Grammar: Pattern: ... 由 ... 组成

⓱ lì rú 例如 for example　⓲ dāng 当 when; while　⓳ jù 句 sentence　jù zi 句子 sentence　⓴ cāi 猜 guess

㉑ dà yì 大意 general idea; main points

dāng nǐ zhī dào yí ge jù zi li měi ge cí de yì si shí, chà bu duō jiù néng cāi chū zhè ge jù zi de dà yì le
当你知道一个句子里每个词的意思时，差不多就能猜出这个句子的大意了。

▲ Grammar: Pattern: 当 ... 时

㉒ wén zì 文字 characters

hàn zì shì shì jiè shang zuì gǔ lǎo de wén zì zhī yī
汉字是世界上最古老的文字之一。

㉓ jiǎn tǐ zì 简体字 simplified Chinese characters　㉔ fán tǐ zì 繁体字 traditional Chinese characters

㉕ zǒng shù 总数 total

hàn zì de zǒng shù chāo guò bā wàn ge, dàn shì chángyòng zì zhǐ yǒu sān qiān wǔ bǎi ge zuǒ yòu
汉字的总数超过八万个，但是常用字只有三千五百个左右。

㉖ dǒng 懂 understand　㉗ shū bào 书报 books and newspapers　㉘ zhāng 章 chapter　wén zhāng 文章 article

生词教学

- 表示：用“用……表示”造句，比如“美国可以用 USA 表示”。
- 官方：反义词是“非官方”。
- 正确：反义词是“错误”。
- 懂：可以单独作谓语，如“你懂了吗？”，也可在动词后做补语，如“你听懂了吗？”。
- 可以从语素出发做词语扩展，比如：音—读音、拼音、发音；总—总数、总面积、总人口。
- 可以利用录音、PPT 和生词卡片练习生词。

7 用所给结构看图完成句子

教学建议

- 可以先用课文 1 里的句子“这个游学计划包括两个部分：汉语课和文化课。”引出“由……组成”的意义和用法。
- 学生两人一组完成练习后，可以做句子转换练习，将“由……组成”转换成“包括”。

结构：汉语的词大多数是由两个或两个以上汉字组成的。

①

中华民族由五十六个民族组成。

②

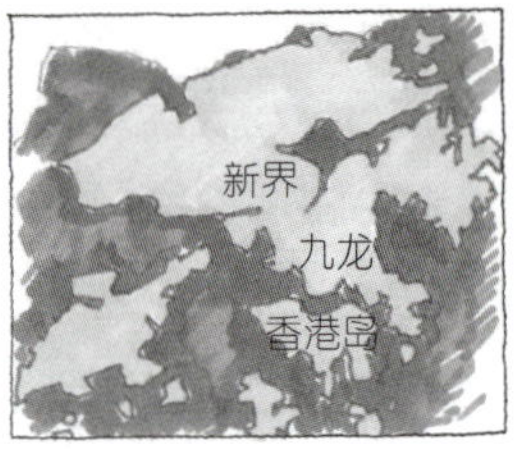

香港由香港岛、九龙和新界组成。

③

学校的网球队由初中组和高中组组成。

④

游学计划由汉语课和文化课组成。

8 小组活动

教学建议

- 可以播放有关象形字演变的视频，让学生明白繁体字更能反映汉字原始的形态。
- 可以让学生大致了解汉字简化运动的历史。
- 可以在课堂上展开小型辩论，让学生讨论简体字和繁体字的优劣。
- 可以用 Kahoot 做小组竞赛，看哪个小组能在最短时间内找到与所给繁体字对应的简体字。

要求 在规定的时间里找到相应的简体字。

1) 車→ 车　2) 畫→ 画　3) 區→ 区

4) 鳥→ 鸟　5) 飛→ 飞　6) 國→ 国

7) 馬→ 马　8) 兒→ 儿　9) 來→ 来

10) 門→ 门　11) 兩→ 两　12) 愛→ 爱

13) 書→ 书　14) 亞→ 亚　15) 習→ 习

儿　两　马
鸟　车　飞
画　书
国　门
爱　亚
来　区
习

9 用所给结构及词语完成句子

结构：当你知道一个句子里每个词的意思时，差不多就能猜出这个句子的大意了。

1) 当你学会了三千五百个常用汉字时，就能看懂中文书了。（看懂）

2) 当我生病时，奶奶总是来照顾我。（照顾）

3) 当我不快乐时，我一般会跟我的好朋友聊一聊。（聊）

4) 当我遇到烦恼时，我总是跟父母讲。（讲）

5) 当她遇到困难时，我的朋友总是会帮我。（帮）

6) 当他获得男子网球单打冠军时，他高兴得跳了起来。（跳）

10 听课文录音，回答问题

1) 哪些国家和地区使用汉语？
中国大陆、香港、澳门、台湾、新加坡和马来西亚都使用汉语。

2) 汉语的读音可以用什么表示？
拼音。

3) 汉语的词一般由几个字组成？
两个或两个以上。

4) 汉语的语法难不难？
不太难。

5) 汉字的历史有多长？
大约有三千年的历史。

6) 哪些地区使用繁体字？
香港、澳门和台湾使用繁体字。

7) 汉字中有多少个常用字？
三千五百个左右。

8) 学会常用字后可以做什么？
看懂中文书、用中文写文章。

教学建议

- 可以将学生分成6组，所有句子在小组内完成后，每组派一位学生在白板上写下一个句子，然后让学生检查白板上的6句话是否有误。

第9题 补充练习

1.______，一定要多穿点儿衣服。

2.______，可以骑自行车去旅游景点。

教学建议

- 先让学生默读或朗读题目及选项，再听课文。
- 提醒学生边听课文边做笔记。

第10题 补充练习

判断正误

1. 普通话只有四个声调。
2. 每个汉字都有意思。
3. 要知道句子的大意，不一定要了解句子里每个词的意思。
4. 马来西亚使用的是繁体字。

- 课文重点培养学生的书面语交际能力。
- 可以在讲解前展示拿走重点词语的课文，让学生做完型填空。
- 建议让学生查查汉语在不同的国家和地区被称作什么，然后在班上汇总。

课文 2

汉语普通话是中国的官方语言。目前中国大陆、香港、澳门、台湾、新加坡和马来西亚都使用汉语。

汉语的读音可以用拼音表示。普通话有四个声调。正确的发音和声调十分重要。

汉语的词大多数是由两个或两个以上汉字组成的，例如“语言”、“出租车”、“四通八达”。差不多每个汉字都有意思。

汉语的语法不太难。当你知道一个句子里每个词的意思时，差不多就能猜出这个句子的大意了。

汉字大约有三千年的历史，是世界上最古老的文字之一。目前中国大陆、新加坡和马来西亚使用简体字，香港、澳门和台湾使用繁体字。汉字的总数超过八万个，但是常用字只有三千五百个左右。学会了这三千五百个字后，你就能看懂中文书报、用中文写文章了。

58

11 口头报告

要求 你的朋友没有学过汉语。你给他/她介绍一下汉语。可以参用以下问题。

1) 你已经学了几年汉语了？你学得怎么样？你为什么学汉语？

2) 汉语的发音难吗？普通话一共有几个声调？

3) 汉语的语法难学吗？

4) 汉字难写吗？汉字难记吗？

5) 汉字一共有多少个？常用字一共有多少个？你学了多少个汉字了？

6) 汉字有简体字和繁体字。哪些国家使用简体字？你学的是简体字还是繁体字？

例子：

我从小学三年级开始学汉语，已经学了八年了。

在小学，每个学生都要学汉语。我们每天都有一节汉语课。那时候我的汉语学得不好。

上中学后，我慢慢地开始对汉语感兴趣。现在我的汉语成绩不错。……

你可以用

a) 我觉得汉字不难写，但是很难记。

b) 我认为汉语很有用。如果会说汉语，我可以去中国读大学。大学毕业以后，我还可以留在中国工作。

c) 我汉语学得不错。书报上简单的文章我都看得懂。

d) 我已经学了一千多个汉字、几千个词了。

e) 普通话有四个声调。

f) 正确的发音很重要。如果发音不正确，别人可能会听不懂。

教学建议

- 口头报告之前可以先让学生写写他们对汉语的认识或者学汉语的感悟。
- 可以将学生分成若干小组，每位小组成员都给一个编号，小组成员之间讨论有关汉语学习的问题。规定时间一到老师就喊一个编号，有相同编号的组员需要报告该组讨论的结果，比如：A同学已经学了两年汉语，她觉得汉字最难学，拼音不那么难。B同学学汉语是因为他喜欢中国文化，他在香港学了六年繁体字了，现在我们学校学简体字。

12 用所给问题编对话

教学建议

- 可以让学生两人一组在课堂上完成对话，老师抽几组进行展示。对话内容可以不限于所给问题。
- 可以让学生两人一组用录音软件完成对话录音，上传到班级网站或汇总给老师。挑选一部分录音在班上播放，然后让学生按老师给的评分标准打分。

1) 你有没有去过中国？你是哪年去的？你去了哪个城市？待了多长时间？你对那里的印象怎么样？

2) 你去过上海吗？上海有哪些旅游景点？如果去上海，你想游览哪些景点？想吃什么美食？你会选择哪个季节去？为什么？

3) 你去过北京吗？北京有哪些有名的旅游景点？你最喜欢哪个景点？你吃过北京烤鸭吗？北京烤鸭好吃吗？

4) 除了上海和北京以外，你还去过中国的哪些地方？

5) 如果明年暑假有机会去中国旅行两个星期，你会去吗？你想去哪个城市？为什么想去那里？

你可以用

a) 去年寒假我参加了一个汉语游学团。我在北京学了十天汉语。

b) 我对北京的印象非常好。北京有很多名胜古迹，比如长城、颐和园、故宫等。北京还有很多美食。我最爱吃烤鸭。

c) 北京是一个既古老又现代的城市。北京有很多独特的古建筑，也有现代化的高楼。

d) 我最喜欢长城。长城很长，像一条巨龙一样。

e) 北京人很热情、很友好。

13 小组活动

A 写缩写

例子：奥林匹克运动会 → 奥运会

1) 电子邮件　2) 北京大学
3) 公共交通　4) 人民警察
5) 第一中学　6) 清华大学

B 猜意思

例子：T 恤衫→ T-shirt

1) U 盘　2) K 歌　3) B 超　4) PC 机　5) ATM 机　6) SIM 卡(kǎ)

C 猜意思

例子：粉丝→ fans

1) 卡通　2) 卡路里　3) 三文鱼　4) 考拉
5) 芒果(máng guǒ)　6) 吉普车(jí pǔ chē)　7) 芭蕾舞(bā lěi wǔ)　8) 咖喱(gā lí)

14 口头报告

要求 介绍你的母语。你要介绍：

- 哪些国家 / 地区使用这种语言
- 这种语言有多少年的历史
- 这种语言有多少个常用词
- 这种语言的语法难不难

例子：

我会说英语、汉语和一点儿法语。今天我来介绍一下法语。法语是法国的官方语言。……等地也使用法语。……

教学建议

- 可以用 Kahoot 或 Quizlet Live 做小组竞赛，完成 A、B、C 三项练习。
- 注意指出 B 和 C 项练习的是字母词和音译词。

第 13 题　补充练习

1. 写缩写：特别行政区、奥林匹克数学竞赛
2. 猜意思：3D 电影、4S 店、X 光
3. 猜意思：拷贝、因特网、可口可乐

教学建议

- 口头报告之前可以先布置写作作业，让学生用规定字数介绍自己的母语。
- 学生做报告时可以带提示卡，但不能读稿。听的同学按老师给的评分标准给报告打分。

第六课 学汉语

教学目标

1. 理解并能使用“下来”“A 得比 B……”、“把”字句、“遍”“在……的过程中”“下去”。
2. 能谈论学汉语的经历以及体会。
3. 学习博客这一文体的写作。

教学重点

1. 生词重点：强化、提高、流利、篇、值得、收获、认识、浪费、发现、相当、增加
2. 短语重点：强化训练、很大的提高、两篇文章、坚持下去
3. 语言点重点：“下来”“A 得比 B……”、“把”字句、“遍”“在……的过程中”“下去”
4. 交际重点：谈论学汉语的经历以及体会。

教学提示

1. 下来

表示动作从过去持续到现在。

结构： 时间段 + 下来

示例： 一年下来，我已经读了五十本故事书了。

三个月下来，他学会了一千多个汉字。

2. A 得比 B……

表示比较。

结构： 动宾短语 + 得 + 比 + B + 形容词

示例： 他说汉语说得比一年前流利了。

她跳民族舞跳得比我好多了。

注意： 动宾短语加“得”对动作加以补充说明时，一般要在宾语后重复动词。

3. 把字句

表示受动者从一个地点到另一个地点的位移。

结构： 把 + 名词 + 动词 + 在 / 到 / 给 / 成 + 其他成分

示例： 她身体不舒服，快把她送到医院！

请帮我把这些书放到小明的桌子上。

4. 遍

动量词，和数词一起构成数量短语，表示动作行为的量。

结构： 动词 + 数词 + 遍

示例： 这部电影非常精彩，我看了三遍。

我们每个句子说两遍。

5. 在……的过程中

结构： 在 + 动词 / 动词性短语 + 的过程中

示例： 在与他聊天的过程中，我发现他有一些不开心。

我在游学的过程中提高了说汉语的能力。

注意： 这一结构可以位于主语的后面。

6. 下去

表示动作从现在持续到未来。

结构： 动词 + 下去

示例： 见习虽然很辛苦，但我一定会坚持下去。

这堂课太没意思了，我听不下去。

注意： 否定式可在动词和“下去”之间加“不”。

教学流程

1. 通过练习 2 的小组活动导入本课话题，再学生词 1 和课文 1。
2. 结合练习 1、3、4、5 学习语言点 1、2、3、4，再完成练习 6 的口头报告。
3. 学习生词 2，完成练习 7，然后听课文 2，完成练习 9、10。
4. 结合练习 8、11 学习语言点 5、6，完成角色扮演和口头报告等练习。

生词教学

- 可以将生词和短语按语义进行分类，比如课堂活动：讲课、回答、听写、口头报告、造句、翻译、抄生词、写作文；口语能力：流利、发音准确。
- 可以让学生查找“强化”和“提高”的反义词。
- 学费：可以做词语扩展练习，比如讲课费、翻译费、旅游费、申请费。
- 可以利用录音、词语卡片、PPT 等方式练习生词。

生词 1 21

1. 短训班 duǎnxùnbān short-term training course
2. 强（強）qiáng strong
3. 化 huà -ize; -ify　强化 qiánghuà strengthen
4. 水平 shuǐpíng standard; level
5. 提高 tí gāo improve　通过一个月的强化训练，我的汉语水平提高了不少。
6. 具体 jù tǐ specific　请给我具体介绍一下。
7. 讲课 jiǎng kè teach; lecture　课上老师用汉语讲课。
8. 答 dá answer　回答 huí dá answer
9. 听写 tīng xiě dictation
10. 口头 kǒu tóu oral
11. 报告 bào gào report
12. 办（辦）bàn handle
13. 听力 tīng lì listening comprehension
14. 口语 kǒu yǔ spoken language
15. 能力 néng lì ability
16. 下来 xià lai end　一个月下来，我的听力和口语能力有了很大的提高。
17. 利 lì smooth　流利 liú lì fluent　现在我说汉语说得比以前流利了。
    Grammar: Sentence Pattern: A(+ Verb + Object) + Verb + 得 + 比 + B + Adjective
18. 准 zhǔn accurate
19. 造 zào make　造句 zào jù make sentences
20. 翻 fān translate; interpret
21. 译 yì translate; interpret　翻译 fān yì translate; interpret
22. 篇 piān a measure word (used for writing)　两篇文章 liǎng piān wénzhāng
23. 生 shēng not familiar　生词 shēng cí new word
24. 抄 chāo copy　如果遇到生字、生词，我们要把它抄到生字本上。
    Grammar: Sentence Pattern: Subject + 把 + Object + Verb + 到 / 在 / 给 / 成 + Other Elements
25. 遍 biàn time; a measure word (denoting an action from beginning to end)　我们每个生词抄十遍。
    Grammar: a) “十遍” serves as the complement of quantity (frequency).
    b) Pattern: Verb + Complement of Quantity (Frequency)
26. 作文 zuò wén composition
27. 学费 xué fèi tuition fee
28. 值 zhí be worth　值得 zhí dé be worth
    短训班的学费挺贵的，但是很值得。

1 用所给结构及词语看图完成句子 见参考答案

结构：一个月下来，我的听力和口语能力有了很大的提高。

① 

我每个星期都翻译一篇文章。半年下来，……

② 

我一有机会就说汉语。一个学期下来，……

③ 

我每天都抄半个小时汉字。三个月下来，……

④ 

我每天都学十个生词。一个月下来，……

2 小组活动

要求 说一说你们的汉语课。

在汉语课上，你们做什么？	你们要做什么汉语作业？
• 用汉语问问题	• 抄生字、生词
• 每天都听写	• 做练习
• 做练习	• 写作文
• 翻译句子	• 写口头报告
• 写作文	• 做翻译练习
• 做听力练习	• 造句
• 做口语练习	• 读课文
• 做口头报告	• 读生词

63

教学建议

- 可以让学生两两一组完成句子，老师抽查完成情况。
- 分小组完成补充练习，每位小组成员都给一个编号，规定时间一到老师就喊一个编号，有相同编号的组员需要汇报该组讨论的结果。

第 1 题 补充练习

每位同学根据所给结构分享一个提高汉语水平的经验。

教学建议

- 将学生分组，每组负责讨论一个问题。每位小组成员有一个编号，规定时间一到老师就喊一个编号，有相同编号的组员需要汇报该组讨论的结果。

第 2 题 补充练习

1. 你们觉得学习汉语最难的地方是什么？
2. 哪些汉语学习方法对你们来说是有效的？

第 1 题 参考答案

1. 我的翻译水平提高了不少。
2. 我汉语说得比以前流利多了。
3. 我的汉字写得好看多了。
4. 我学到了很多生词。

教学建议

- 可以让学生两两一组完成此题，老师抽检完成情况。
- 可以将学生分成两组，第一组的一位同学说一个动宾短语，然后指定第二组的一位同学用给出的动宾短语按“动宾短语＋得＋比＋ B ＋形容词”这一结构造句，造出句子的这位同学可以说另一个动宾短语让对方组的同学造句，依次轮流练习。每造对一个句子得一分，规定时间一到，分值高的小组获胜。

3 用所给结构及词语看图完成句子

结构：现在我说汉语说得比以前流利了。

① 

他打羽毛球比以前打得好多了。

② 

他弹钢琴弹得比我好。

③ 

他下国际象棋比妹妹下得好。

④ 

她写作文写得比上个学期好。

教学建议

- 可以让学生两两一组完成此题，老师抽查完成情况。
- 可以将学生分成两组下象棋，将电脑中的棋盘投影到白板上，每组选一位落子人和发指令的人，落子人必须根据小组的指令来落子。指令必须用“把”字句发出。

4 用所给结构及词语完成句子 见参考答案

结构：如果遇到生字、生词，我们要把它抄到生字本上。

1) 旅行前我们不得不________________。（小狗　送　寄养中心）
2) 你现在________________。（脏衣服　放　洗衣机）
3) 我们________________。（蔬菜　放　冰箱）
4) 我们应该________________。（电扇　放　客厅）
5) 你可以________________。（花　放　阳台）
6) 不要________________。（数码相机　放　行李箱）
7) 请你们________________。（名字　写　本子）
8) 请帮我________________。（这幅国画　挂　墙）

64

第 4 题　参考答案

1. 把小狗送到宠物寄养中心
2. 要把脏衣服放进洗衣机
3. 要把蔬菜放进冰箱
4. 把电扇放在客厅里
5. 把花放在阳台上
6. 把数码相机放在行李箱里
7. 把名字写在本子上
8. 把这幅画挂在墙上

课文 1 22

听说你参加了一个汉语短训班。你觉得怎么样？

通过一个月的强化训练，我的汉语水平提高了不少。

请给我具体介绍一下。

短训班要求我们只能用汉语。课上老师用汉语讲课，我们用汉语回答问题。我们每天还有听写和口头报告。

如果你听不懂老师讲课，怎么办？

我会问老师。

你们课下也用汉语吗？

我们课下也要用汉语。一个月下来，我的听力和口语能力有了很大的提高。现在我说汉语说得比以前流利了，发音更准了。别人说的话我也差不多都听得懂了。

你们每天要做什么作业？

除了造句、翻译，我们每天还要读两篇文章。如果遇到生字、生词，我们要把它抄到生字本上，每个生词抄十遍。每个周末我们还要写一篇作文。

听起来不错。学费贵吗？

挺贵的，但是很值得。你也应该参加这个短训班。

教学建议

- 课文重点培养学生的口语交际能力。
- 可以让学生分角色朗读。
- 可以让学生根据课文内容，填写一份有关汉语短训班的宣传单，宣传单内容需包括日期、目标、内容、学费等。

教学建议

- 可以让学生两两一组完成此题，老师抽几位同学到白板上写下翻译内容，让其他学生检查翻译是否准确，如有误，鼓励学生订正。

教学建议

- 可以让学生谈谈独特的汉语学习经历，不一定局限于今年或正在就读的学校。
- 可以先布置成写作作业，个人在课堂上做口头报告时，可以看提示卡，但不能读稿。
- 可以让学生根据评分标准对个人口头报告打分。

5 翻译 见参考答案

1) 这本书我看了两遍。
2) 这部电影他看了三遍。
3) 我去过三次北京。
4) 我参加过一次汉语短训班。
5) 他参加过两次奥运会。
6) 我每天都带狗散两次步。

6 口头报告

要求 说一说你今年的汉语学习。

- 你一周有几节汉语课
- 你课上、课下怎么学汉语
- 你觉得汉语哪方面比较难学
- 你经常有测验 / 考试吗
- 你的汉语成绩怎么样

例子：

我们每个星期有三节汉语课。课上，老师一般用汉语讲课。如果我们听不懂，他会用英语再讲一遍。我们在课上经常做听力练习、造句练习、翻译练习等等。我们还有很多小组活动和小任务。课下，我……

a) 我们经常有汉语测验。我的测验成绩挺不错的。

b) 我是一个努力学习的人。我一般会在考试前两个星期开始复习，所以我每次考试都能得九十多分。

c) 我觉得汉字不难写，但是很难记。

d) 我觉得汉语拼音不难，但是声调很难。我总是记不住生词的声调。

e) 我认为写作文最难。好多词我都不会，好多字我都写不出来。

66

第 5 题 参考答案

1. I have read this book twice.
2. I have watched this movie three times.
3. I have been to Beijing three times.
4. I have joined the Chinese short-term course once.
5. He participated in the Olympics twice.
6. I take the dog for a walk twice a day.

生词 2 (23)

① 收获（穫）shōu huò gains　② 逼 bī force　小时候每个周末父母都逼着我上汉语班。

③ 认识 rèn shi understand; know

④ 性 xìng a noun-forming suffix　重要性 zhòng yào xìng importance　那时我还没有认识到学汉语的重要性。

⑤ 哭 kū cry; weep　⑥ 以为 yǐ wéi think; believe　⑦ 浪 làng unrestrained　浪费 làng fèi waste

⑧ 效 xiào effect　效果 xiào guǒ effect, result　有效 yǒu xiào effective　⑨ 原来 yuán lái as it turns out to be

⑩ 体会 tǐ huì know (from experience)　我体会到原来强化学习汉语很有效。

⑪ 发现 fā xiàn find　⑫ 项（項）xiàng a measure word (used of itemized things)　⑬ 技能 jì néng skill

⑭ 相当 xiāng dāng quite　我发现我的听、说、读、写四项技能都得到了相当大的提高。

⑮ 阅（閱）yuè read　阅读 yuè dú read　⑯ 写作 xiě zuò writing　⑰ 汇（彙）huì collection　词汇 cí huì vocabulary

⑱ 增 zēng increase　⑲ 加 jiā increase　增加 zēng jiā increase　我的词汇量增加了。

⑳ 错别字 cuò bié zì wrongly written character　㉑ 养 yǎng form; cultivate　㉒ 成 chéng complete

㉓ 过程 guò chéng course; process　在暑期班学习的过程中，我还养成了一些好的学习习惯。

Grammar: Pattern: 在 ... 的过程中

㉔ 背 bèi recite　㉕ 单词 dān cí word　㉖ 坚（堅）jiān firm　坚持 jiān chí persist in; persevere in

㉗ 下去 xia qu indicate the continuation of an action　相信只要坚持下去，我的汉语就一定会有更大的进步。

Grammar: a) Pattern: Verb + 下去
b) This pattern is used to indicate a continuation of an action from present to the future.

生词教学

- 可以让学生查找这些词语的反义词：哭、浪费、有效、增加、坚持。
- 可以让学生列出语言技能包括哪些，比如：听、说、读、写。
- 可以利用录音、词语卡片、PPT 等方式练习生词。

教学建议

- 可以将全班分成四组，每组负责讨论一个方面，每位小组成员都给一个编号，规定时间一到就喊一个编号，有相同编号的组员需要汇报该组讨论的结果。
- 可以在班上做一个调查，让学生选出最有效的汉语学习方法，并进行排序。

7 小组活动

要求 说一说你在学习汉语的过程中遇到了哪些困难，你有什么有效的学习方法。

听力方面

遇到的困难	有效的学习方法
•	•
•	•
•	•

口语方面

遇到的困难	有效的学习方法
•	•
•	•
•	•

阅读方面

遇到的困难	有效的学习方法
•	•
•	•
•	•

写作方面

遇到的困难	有效的学习方法
•	•
•	•
•	•

你可以用

a) 如果别人说汉语说得比较快，我就听不懂了。
b) 我的发音不准，声调也常常说错。
c) 我没有机会说汉语。
d) 因为我的词汇量很小，所以用普通话聊天儿时经常不知道该怎么说。
e) 我的阅读能力很差。如果文章里的生字、生词比较多，我就看不懂了。
f) 有时候一个句子里每个字我都认识，但还是不明白句子的意思。我觉得很头疼。
g) 我写作文时常常写错字。
h) 我每天都背十个生词，周末复习这些生词。一个学期下来，我的词汇量增加了不少。阅读和写作水平也提高了。

小任务 写出六个有效的汉语学习方法，然后试用一下。

8 用所给结构及词语完成句子

结构：相信只要坚持下去，我的汉语就一定会有更大的进步。

1) 这个足球队我会 一直支持下去。（支持）

2) 虽然写毛笔字很累，但是我一定会 坚持练下去。（练）

3) 慈善工作我一定会 一直做下去。（做）

4) 汉语很有用，我一定会继续 学下去。（学）

5) 她很喜欢这个地方，打算 继续住下去。（住）

6) 这本小说很没意思，我不想 读下去了。（读）

7) 这部电影一点儿都不好看，我 不想看下去了。（看）

教学建议

- 可以让学生独立完成，也可以让学生两两一组完成句子，老师抽查完成情况。

9 听课文录音，回答问题 见参考答案

1) 豆豆小时候为什么不喜欢学汉语？

2) 她小时候的汉语成绩怎么样？

3) 她今年暑假做了什么？

4) 她为什么觉得强化学习汉语很有效？

5) 一个月下来，她的听力和口语能力有了什么提高？

6) 她的阅读和写作能力有了什么提高？

7) 她在汉语暑期班期间每天做什么？

8) 她每个周末做什么？

教学建议

- 先让学生默读或朗读题目及选项，再听课文。
- 提醒学生边听课文边做笔记。

第 9 题 参考答案

1. 因为她没有认识到学汉语的重要性。
2. 不太好。
3. 她参加了上海的汉语暑期班。
4. 因为她的听、说、读、写四项技能都得到了相当大的提高。
5. 她能听懂别人说话的大意了，说汉语也更自信了。
6. 她词汇量增加了，作文里的错别字也比以前少了。
7. 背单词、造句、读课文。
8. 读汉语文章、写作文。

教学建议

- 课文重点培养学生的书面语交际能力。
- 讲解课文后，展示拿走重点词语的课文，让学生做完型填空。
- 可以做句子或段落听写，指定一个记忆力最好的学生在白板上写，其他同学在座位上听写，不会写的词可以抬头看白板。老师应及时订正示范学生的听写错误。

课文 2

24

豆豆的博客

参加“汉语暑期班”的收获（2015-08-10 21:14:20）

小时候每个周末父母都逼着我上汉语班。因为那时我还没有认识到学汉语的重要性，所以常常一边抄生字一边哭。我的汉语成绩也不太好。

今年暑假，我参加了上海的汉语暑期班。我一直以为参加这样的汉语班只是浪费时间，不会有什么效果，但是通过一个月的学习，我体会到原来强化学习汉语很有效。我发现我的听、说、读、写四项技能都得到了相当大的提高。

在听力和口语方面，我能听懂别人说话的大意了，说汉语也更自信了。在阅读和写作方面，我的词汇量增加了，作文里的错别字也比以前少了。

在暑期班学习的过程中，我还养成了一些好的学习习惯。我每天都背单词、造句、读课文，每个周末都读汉语文章、写作文。相信只要坚持下去，我的汉语就一定会有更大的进步。

10 完成句子

① 我一直以为参加这样的汉语暑期班只是浪费时间。

② 我体会到原来强化学习汉语很有效。

③ 我发现我的听、说、读、写四项技能都得到了相当大的提高。

④ 相信只要坚持每天学习汉语，我的汉语就一定会有更大的进步。

教学建议

- 可以让学生用所给的提示写提纲，然后根据提纲参照课文 2 写一篇博客，谈谈自己对汉语学习的认识或体会，上传到班级网页或者汇总给老师，老师挑选几篇进行展示。

11 用所给结构及词语看图完成句子 见参考答案

结构：在暑期班学习的过程中，我还养成了一些好的学习习惯。

①

除了……以外，……
学习 参加
在申请大学的过程中，我体会到……

②

不但……，而且……
提高 了解
在游学的过程中，我……

③

不但……，而且……
了解 学会
在见习的过程中，我……

④

不但……，而且……
帮助 培养
在做义工的过程中，我……

71

教学建议

- 先让学生将所给动词与合适的词进行搭配，再将搭配好的短语嵌入，完成句子。
- 可以分组练习，每位小组成员都给一个编号，规定时间一到就喊一个编号，有相同编号的组员需要汇报该组写出的句子。

第 11 题 参考答案

1. 除了需要学习成绩好以外，我还要参加各种各样的课外活动。
2. 不但提高了汉语水平，还了解了中国历史。
3. 不但了解了有关医学的知识，还学会了照顾别人。
4. 不但帮助了别人，还培养了爱心和耐心。

12 角色扮演

教学建议

- 建议让学生两两一组，选择一个情景进行角色扮演，然后在班上做展示。
- 其中一组在做展示时，其他小组需根据评分标准对该组的表现进行评估。

情景1 这次汉语考试你得了50分，不及格。老师找你了解一下情况。

例子：

老师： 这次汉语考试你没及格，能不能说一下原因？

你： ……

老师： 你课上听得懂吗？

你： ……

老师： 你觉得汉语哪方面最难学？

你： ……

老师： 你做家庭作业时常遇到困难吗？

你： ……

老师： 如果遇到困难，你怎么办？

你： ……

老师： 你课下自己学汉语吗？

你： ……

老师： 你课下怎么学汉语？

你： ……

老师： 你喜欢学汉语吗？

你： ……

情景2 你看到豆豆写的“汉语暑期班”的博客，对汉语暑期班很感兴趣。

例子：

你： 我也想去上海参加汉语暑期班。你觉得怎么样？

豆豆： ……

你： 你觉得我应该参加初级班还是中级班？

豆豆： ……

你： 暑期班什么时候开始上课？

豆豆： ……

你： 一天上几个小时汉语课？

豆豆： ……

你： 除了汉语课以外，还有别的课吗？

豆豆： ……

你： 周末有机会游览上海的名胜古迹吗？

豆豆： ……

你： 学费贵吗？多少钱？

豆豆： ……

13 口头报告

要求 说一说你对学习汉语的看法，并跟同学分享一些有效的学习方法。

例子：

我是华裔子(zǐ)弟(dì)。父母从小就告诉我学习汉语的重要性。虽然汉语是世界上最难学的语言之一，但是我觉得汉语很有意思，一直都很喜欢学汉语。

为了提高汉语水平，除了在学校用心(yòng xīn)学习以外，我还常看中文电影。看电影时，我一边认真听一边看中文字幕(zì mù)，培养语感。如果看到生字、生词，我会把它们抄在生字本上，多读几遍，努力把它们记住。我还订了一本中文杂志。如果遇到不认识的字、词，我会查电子(diàn zǐ)词典。……我深深地体会到学汉语要同时(tóng shí)用眼、耳、手和口。

明年我打算去中国参加一个汉语短训班，希望能提高我的口语和写作水平。

你可以用

a) 我父母经常提醒我要认真学汉语。

b) 学习一种外语，可以让我们进入(jìn rù)另一个世界。

c) 学汉语时，正确的发音很重要。

d) 学汉语要多听、多说、多读、多写。每天都要练习。

e) 我在网上交了一个中国朋友。我经常在网上跟他用汉语聊天儿。

f) 我每天都听课文录(lù)音(yīn)，还跟着读。为了培养语感(yǔ gǎn)，我还常看中文电影、听中文歌。

教学建议

- 可以让学生在班上轮流完成口头报告，也可以让学生用录音软件独立完成口头报告，上传到班级网站或汇总给老师，老师挑选一部分录音到班上播放。
- 老师和学生可以一起根据评分标准给口头报告打分。

第七课 中国美食

教学目标

1. 理解和使用“在……上”“以……为主”“起来”“不 / 得 + 了”“A 受 B 喜爱”、被动句。
2. 询问他人或介绍自己家的早餐情况及饮食偏好。
3. 简单介绍一种中国传统食物的食用方法。
4. 写关于中国饮食的短文，介绍中国饮食的口味、做法、不同地区的饮食习惯等。
5. 进一步了解中国饮食的特色。

教学重点

1. 生词重点：种类、脆、概括、说法、重、一带、离开、强调、讲究
2. 短语重点：饮食习惯、种类多、抹上甜面酱、吃起来、花样繁多、概括起来、口味重、很讲究
3. 语言点重点：“在……上”“以……为主”“起来”“不 / 得 + 了”“A 受 B 喜爱”、被动句
4. 交际重点：谈论自家的早餐情况和饮食偏好，介绍中国饮食的特点。

教学提示

1. 在……上

表示某一方面，意思和“在……方面”相近。

结构： 在 + 名词 / 动词 + 上 + 形容词 / 动词

示例： 中国北方和南方在饮食上有很多不同。
他在学习上有很大进步。
姨妈在做家务上对我的要求很严格。

2. 以……为主

表示把……作为最主要的。

结构： A 以 B 为主

示例： 我们家的早饭以中餐为主。
北方人的主食以面食为主。

注意： 否定时否定词放在“以”的前面。
该结构的书面语色彩比较重。

3. 起来

用在动词后表示估计或就某一方面来说。

结构： 动词 + 起来

示例： 煎饼果子吃起来脆脆的。

这个公寓看起来很舒适。

注意：“起来”在本课有两个意思，注意区分，另一个表示具体的趋向，如“卷起来”。

4. 可能补语“不 / 得 + 了”

表示可能或不可能。

结构： 动词 / 形容词 + 不 + 了

动词 / 形容词 + 得 + 了

示例： 我吃不了这么大一块蛋糕。

四川人做菜少不了放辣椒。

注意：“了”的发音是“liǎo”。

5. A 受 B 喜爱

表示 A 被 B 喜爱，或 B 喜爱 A。

结构： A 受 B 喜爱

示例： 学校的中文老师特别受学生喜爱。

面食特别受北方人喜爱。

6. 被动句

没有“被”字标记但是表示被动意义的句子。

结构： 主语 + 动词 + 补语 + 了

示例： 饭做好了。

作业写完了。

教学流程

1. 建议先通过讨论学生当天的早餐都吃了什么导入本课话题。
2. 建议结合导入内容学习语言点 2，完成练习 3，然后学习生词 1 和语言点 1、3 并完成相应练习，之后学习课文 1，就课文提问并结合练习 5 做扩展表达。
3. 建议先完成练习 6、7，学习生词 2 和语言点 4、5，再听课文回答问题，完成小组活动等练习。
4. 建议文化部分穿插在课文 2 里做适当的讨论和扩展。

生词教学

- **种类**：可以作主语、定语或宾语，常见搭配为"多、少、丰富"等。
- **脆**：用来形容口感，可以重叠成"AA 的"结构。
- 可以兼带复习形容词、动词的重叠，如"大大的""尝尝"等。
- 可以利用词语卡片、PPT 等方式练习生词。

3 第3单元

第七课　中国美食

生词 1 25

nán fāng　nán fāng rén　běi fāng　běi fāng rén
❶ 南方 south　南方人 southerner　❷ 北方 north　北方人 northerner

yǐn shí　zhōng guó de nán fāng rén hé běi fāng rén zài yǐn shí xí guàn shang hěn bù tóng
❸ 饮食 food and drink; diet　中国的南方人和北方人在饮食习惯上很不同。

Grammar: a) Pattern: 在 ... 上
b) This pattern indicates "in the aspect of..." .

zhǒng lèi　zǎo cān de zhǒng lèi tè bié duō
❹ 种类 variety　早餐的种类特别多。

hún　tun　yóu tiáo　mán　tou
❺ 馄（餛）饨（飩）wonton　❻ 油条 deep-fried twisted dough sticks　❼ 馒（饅）头 steamed bun

jiān　jiān dàn　jiān bing
❽ 煎 fry in shallow oil　煎蛋 fried egg　煎饼 thin pancake

guǒ zi　jiān bing guǒ zi
❾ 果子 deep-fried doughnut　煎饼果子 fried pancake rolled up with egg filling

miàn shí　jiāng　dòu jiāng
❿ 面食 cooked wheaten food　⓫ 浆（漿）thick liquid　豆浆 soybean milk

jiàng　jiàng cài　tián miàn jiàng　guǒ jiàng
⓬ 酱（醬）things pickled; sauce　酱菜 pickles　甜面酱 sweet sauce made of fermented flour　果酱 jam

huā shēng　huā shēng jiàng
⓭ 花生 peanut　花生酱 peanut butter

jiāo　là jiāo　là jiāo jiàng　huáng yóu
⓮ 椒 any of hot spice plants　辣椒 chilli; hot pepper　辣椒酱 chilli sauce　⓯ 黄油 butter

báo　mǒ　cōng　cōng huā　juǎn
⓰ 薄 thin　⓱ 抹 put on　⓲ 葱 green onion　葱花 chopped green onion　⓳ 卷 roll (up)

jiān bing guǒ zi shì zài yì zhāng yòu yuán yòu báo de miàn bǐng shang fàng shàng jī dàn, mǒ shàng tián miàn jiàng hé là jiāo jiàng,
煎饼果子是在一张又圆又薄的面饼上放上鸡蛋，抹上甜面酱和辣椒酱，

zài fàng shàng cōng huā hé yóu tiáo, zhī hòu juǎn qi lai chī
再放上葱花和油条，之后卷起来吃。

cuì　jiān bing guǒ zi chī qi lai tián tián de、là là de, lǐ miàn de yóu tiáo hái cuì cuì de
⓴ 脆 crisp　煎饼果子吃起来甜甜的、辣辣的，里面的油条还脆脆的。

yǐ　wéi　wǒ men jiā zǎo fàn yǐ xī cān wéi zhǔ
㉑ 以 take　㉒ 为 (serve) as　我们家早饭以西餐为主。

Grammar: Pattern: ... 以 ... 为主

1 用所给结构及词语看图完成句子

结构：煎饼果子吃起来甜甜的、辣辣的。

① 

这个汉语暑期班听起来很棒。

② 

麻婆豆腐吃起来辣辣的。

③ 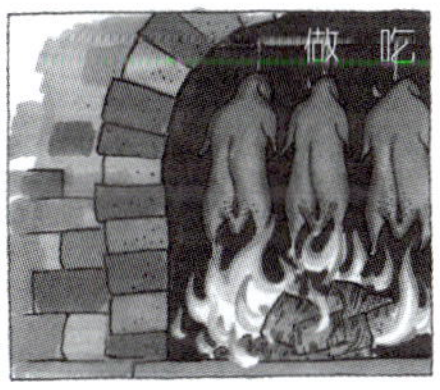

北京烤鸭做起来很难，吃起来脆脆的。

④ 

这双鞋看起来很好看，但是穿起来不舒服。

2 用所给结构及词语写句子 见参考答案

结构：在面饼上放上鸡蛋，抹上甜面酱和辣椒酱，再放上葱花和油条，之后卷起来吃。

① 烤鸭　甜面酱　葱和黄瓜　卷
→

② 灯笼　春联　零食　年夜饭
→

③ 礼物　蛋糕　蜡烛　生日歌
→

④ 收拾　擦　洗碗　扫地
→

教学建议

- 建议先复习趋向补语"起来"的基本意义，再练习"V+起来"表示就一方面估计的用法。
- 老师可以借助某种食物让学生用不同的感官来估计，如"吃起来、闻起来、看起来、摸起来、听起来"等，然后根据练习中的图片和提示词完成句子。
- 建议老师准备一些物品，让学生做扩展练习，通过视觉以外的感官猜测物品，如"我觉得这是……，因为它摸起来……"。

教学建议

- 建议老师示范煎饼的食用过程，一边叙述一边把表示先后顺序的词语写在黑板上，然后请学生重复。
- 老师可以把每组的词语做成卡片，混合后随机发给学生。学生先要找到自己的小组，然后再按照顺序排列好词语卡片，合作完成句子。

第 2 题　参考答案

1. 在面饼上放上烤鸭，抹上甜面酱，再放上葱和黄瓜，之后卷起来吃。
2. 在家里挂上灯笼，墙上贴上春联，再把零食放在餐桌上，之后我们再准备年夜饭。
3. 用礼品纸把礼物包起来，把蛋糕从冰箱里拿出来，再点亮蜡烛，之后我们一起唱生日歌。
4. 我们先收拾桌子，再擦桌子、洗碗，之后扫地。

3 用所给结构及词语看图完成句子

教学建议

- 建议老师在和学生讨论了他们的早餐特点和主要食物后展示“以A为主”的结构，然后通过提问帮助学生强化结构，如“你们家外出旅行以什么交通工具为主？”“你的衣服以什么颜色为主？”，之后再让学生根据练习中的信息完成句子。

结构：我们家早饭以西餐为主。

① 

我们学校的课外活动以体育运动为主。

② 

这次汉语测验以笔试为主。

③ 

我一日三餐以水果、蔬菜为主。

④ 

我们学校的老师以外国人为主。

4 用所给结构及词语写句子 见参考答案

教学建议

- 建议先复习“在……方面”的意义和用法，给出若干例句，让学生替换成“在……上”，然后再给出情境和关键词，让学生比赛说句子，最后让学生根据题目所给的关键词完成句子。

结构：中国的南方人和北方人在饮食习惯上很不同。

① 穿着　时尚　酷
→

② 时间管理　作业　小狗
→

③ 生活　独立　自己
→

④ 学习　进步　成绩
→

第4题　参考答案

1. 现在的高中生在穿着上很时尚，看起来很酷。
2. 在时间管理上，我有了很大的进步。我现在不仅每天能把作业做完，而且还有时间带小狗出去散步。
3. 在生活上，我现在比以前独立了。我自己的事一定要自己做。
4. 在学习上，我今年有了很大的进步。这个学期，我所有课程的考试成绩都在九十分以上。

课文 1

中国人早饭一般吃什么？

中国的南方人和北方人在饮食习惯上很不同，所以早餐的种类特别多。

那你们家早饭吃什么？

南方和北方的早餐我们家都吃，例如生煎包、小笼包、馄饨、油条、馒头、包子、煎饼果子等。除了面食以外，我们还喝豆浆或者喝粥，吃酱菜。

煎饼果子是什么？

煎饼果子是一种北方的早餐。煎饼果子是在一张又圆又薄的面饼上放上鸡蛋，抹上甜面酱和辣椒酱，再放上葱花和油条，之后卷起来吃。它吃起来甜甜的、辣辣的，里面的油条还脆脆的。你一定要尝尝！你们家早饭吃什么？

我们家早饭以西餐为主。我们一般吃烤面包，上面抹黄油、果酱，或者花生酱。我们还吃煎蛋，喝牛奶。

教学建议

- 课文重点培养学生的口语交际能力。
- 听录音跟读后，可以让学生两两一组做对话练习。
- 老师可以通过提问检测学生对课文内容的熟悉情况。
- 建议让学生仿照“煎饼果子”的部分介绍一种自己经常吃的食物，注意动词和表示先后顺序的关联词的使用。

5 角色扮演

教学建议

- 可以采用轮换的方式做问答训练。学生站成内外圈，老师击掌一次时，内圈提问，外圈作答；老师击掌两次，外圈提问，内圈作答；老师击掌三次，内圈不动，外圈顺时针移动一个位置，然后听老师指令继续问答。
- 鼓励学生用"你可以用"提供的句型和结构。

情景 你和朋友聊早饭吃些什么。可以参用以下问题。

1) 你们家早饭一般吃什么？

2) 你今天早饭吃了什么？你的早饭是买的还是你们家自己做的？

3) 你们家附近有早餐店吗？

4) 你经常去哪里买面包？你会做面包吗？

例子：

你： 你们家早饭一般吃什么？

朋友： 我父母都是中国人，所以我们家早饭以中餐为主，例如包子、油条、粥、豆浆等。我们有时候也吃西式早餐，例如面包、牛奶、酸奶、水果等。

你： 你今天早饭吃了什么？

朋友： 我吃了两个包子和一个橙子，喝了一杯豆浆。

你： 你吃的包子是买的还是你们家自己做的？

朋友： 是在我们家附近的早餐店买的。一块钱一个，又便宜又好吃。

……

你可以用

a) 我爸爸是中国人，妈妈是美国人。我们家有时候吃中式早餐，有时候吃西式早餐。

b) 我每天早上都自己准备早餐。我会烤一片面包，在上面抹黄油和果酱。我还会吃一些水果，喝一杯牛奶。

c) 我家有一个烤箱。妈妈经常给我烤面包。

d) 我早饭喜欢吃生煎包，喝粥。

e) 我早上没有时间吃早饭。我一般带一个三明治和一个苹果去学校，课间休息时吃。

生词 2 (27)

❶ 花样 huāyàng variety ❷ 繁多 fánduō numerous 花样繁多 huāyàng fánduō of all shapes and colours

❸ 鲜美 xiānměi delicious 中国饮食花样繁多，味道鲜美。(zhōngguó yǐnshí huāyàng fánduō, wèidào xiānměi) ❹ 概括 gàikuò summarize ❺ 咸 xián salty

❻ 说法 shuōfǎ view 在口味方面，概括起来，中国饮食有"南甜北咸，东鲜西酸"的说法。(zài kǒuwèi fāngmiàn, gàikuò qilai, zhōngguó yǐnshí yǒu "nán tián běi xián, dōng xiān xī suān" de shuōfǎ)

❼ 重 zhòng heavy ❽ 酱油 jiàngyóu soy sauce ❾ 盐（鹽）yán salt

❿ 一带 yídài surrounding; area ⓫ 海鲜 hǎixiān seafood ⓬ 清 qīng clear; plain ⓭ 淡 dàn light; mild 清淡 qīngdàn light

⓮ 山西 shānxī Shanxi Province 山西人爱吃酸的，做菜少不了放醋。(shānxī rén ài chī suān de, zuò cài shǎo bu liǎo fàng cù)

> Grammar: a) "不了" serves as the complement of potential.
> b) Pattern: Verb/Adjective+ 得 / 不 + 了

⓯ 制（製）zhì make 制品 zhìpǐn products 豆制品 dòuzhìpǐn bean products

⓰ 主食 zhǔshí staple food ⓱ 大饼 dàbǐng baked pancake ⓲ 深 shēn deep; deeply

⓳ 喜爱 xǐ'ài love 饺子、包子、大饼、面条等面食都深受北方人喜爱。(jiǎozi, bāozi, dàbǐng, miàntiáo děng miànshí dōu shēnshòu běifāng rén xǐ'ài)

> Grammar: Pattern: ... 受 ... 喜爱

⓴ 离 lí without 很多南方人一日三餐都离不开米食。(hěn duō nánfāng rén yí rì sān cān dōu lí bu kāi mǐshí)

㉑ 熟 shú cooked 中国人习惯食物做熟了再吃。(zhōngguó rén xíguàn shíwù zuò shú le zài chī)

> Grammar: This is a passive sentence. Some passive sentences do not need "被".

㉒ 强调 qiángdiào stress ㉓ 俱 jù all; completely 俱全 jùquán complete in all varieties

㉔ 究 jiū go into; probe 讲究 jiǎngjiu be particular about 中国菜强调色、香、味、形俱全。(zhōngguó cài qiángdiào sè, xiāng, wèi, xíng jùquán)

㉕ 切 qiē cut ㉖ 烧 shāo cook ㉗ 丁 dīng small cube (of meat or vegetables) ㉘ 块 kuài lump

㉙ 状（狀）zhuàng shape 形状 xíngzhuàng shape ㉚ 煮 zhǔ boil

生词教学

- **概括**：表示总结，常和"起来"搭配。
- **说法**：多用于口语，常见结构为"有……的说法"。
- **重**：用来形容口味，与"清淡"相对。
- **一带**：多用于书面语，放在代词或处所名词后表示"附近、周围"。
- **离开**：动补结构的离合词，中间可以插入"得 / 不"，后面可以跟宾语。
- **讲究**：注意"究"读轻声；可以受程度副词修饰。
- 词语扩展时注意结合其在课文中的所使用的义项，可适当复习学过的义项。
- 可以利用词语卡片、PPT 等方式练习生词。

6 说一说

要求 说出盘子里有什么。

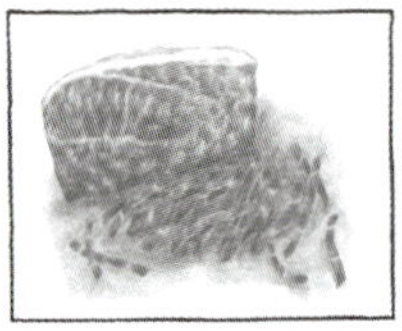

丝

丁

块

条

1) 白萝卜丝
2) 土豆丁
3) 豆腐干丝
4) 肉丝
5) 黄瓜条
6) 胡萝卜条
7) 肉片
8) 西红柿丁
9) 肉块

教学建议

- 建议老师先给学生展示图片，复习不同刀工切出来的食材的叫法，然后利用图片或实物让学生抢答盘子里都有哪些食材。
- 条件允许的话，建议老师在教室里或学校厨房展示简单的切菜手艺。条件不允许的话则建议老师播放相关视频，让学生对中国饮食在刀工方面的讲究有更直观和鲜明的了解。

7 回答问题

口味 酸 甜 苦 辣 咸

1) 什么水果很酸？ 没有熟的葡萄很酸。
2) 什么水果很甜？ 苹果和葡萄很甜。
3) 什么蔬菜很苦？ 苦瓜很苦。
4) 什么菜很辣？ 辣椒很辣。
5) 什么菜很咸？ 咸菜很咸。

教学建议

- 建议先让学生尝味道复习“酸、甜、苦、辣、咸”等词语，然后把问题做成纸条，让学生抽纸条轮流回答问题，说得多的学生获胜。

8 用所给结构及词语看图说话

结构：中国人习惯食物做熟了再吃。

① 

作业　完
电视
作业做完了再看电视。

② 

手　干净
晚饭
手洗干净了再吃晚饭。

③ 

外套　好
出去
外套穿好了再出去。

④ 

感冒药　完
睡觉
感冒药吃完了再睡觉。

教学建议

- 建议先学习无标记的被动结构"主语＋动词＋补语＋了"，提醒学生思考"主语"的特点，然后练习用"再"叙述先后发生的事件。
- 可以让一个学生自己做动作，请其他学生描述，老师做补充或修正。

9 听课文录音，回答问题

1) 中国饮食在口味方面有什么特色？
南甜北咸，东鲜西酸。

2) 东南沿海一带的人爱吃什么？
吃海鲜。

3) 山西人做菜时喜欢放什么？
放醋。

4) 中国传统的饮食习惯是什么？
多菜少肉，豆制品吃得比较多。

5) 哪些主食很受北方人喜爱？
饺子、包子、大饼、面条等面食。

6) 南方人喜欢吃什么主食？
米饭。

7) 中国人吃东西有什么习惯？
中国人习惯食物做熟了再吃。

8) 中国菜有哪些常用的烧法？
有煎、炒、蒸、炸、煮等烧法。

教学建议

- 可以利用听力练习导入课文。
- 提醒学生边听课文边做笔记。
- 学生回答完问题后，可以让全班按照问题和老师的适量补充完成课文的复述。

课文 2

中国饮食花样繁多，味道鲜美。在口味方面，概括起来，有“南甜北咸，东鲜西酸”的说法。简单地说，南方人喜欢吃甜的。北方人爱吃咸的，口味比较重，做菜时喜欢放酱油，盐也放得比较多。东南沿海一带的人喜欢吃海鲜，口味比较清淡。山西人爱吃酸的，做菜时少不了放醋。

蒸鱼

担担面

中国传统的饮食习惯是多菜少肉，豆制品吃得比较多。在主食方面，有“南米北面”的说法。北方人爱吃面食。饺子、包子、大饼、面条等面食都深受北方人喜爱。南方人喜欢吃米饭。很多南方人一日三餐都离不开米食。

红烧肉

中国人习惯食物做熟了再吃。中国菜强调色、香、味、形俱全。做中国菜时切菜和烧法都很讲究。菜一般切成丁、丝、块、条等形状。常用的烧法有煎、炒、蒸、炸、煮等。

小笼包

教学建议

- 课文重点培养学生的书面语交际能力。
- 可以在讲解完课文后让学生填写去掉了重点词语和核心语言点的课文，做完型填空。可以提供不同难度的完型填空让学生根据自己的水平自行选择。
- 可以让学生对每一段的内容做概括和总结。

10 小组活动

要求 在规定的时间里完成下表。

中餐	西餐	快餐	零食	饮料	蔬菜	水果
•叉烧肉	•沙拉	•热狗	•糖果	•汽水	•青菜	•苹果
•糖醋排骨	•烤牛肉	•汉堡包	•冰淇淋	•可乐	•西红柿	•香蕉
•麻婆豆腐	•三明治	•比萨饼	•巧克力	•茶	•黄瓜	•草莓
•饺子	•面包	•薯条	•饼干	•果汁	•芹菜	•西瓜

11 用所给结构及词语写句子

① 中国饮食在口味方面，概括起来，有“南甜北咸，东鲜西酸”的说法。 → 学好汉语
学好汉语，概括起来就是要多听、多说、多读、多写。

② 简单地说，南方人喜欢吃甜的，北方人爱吃咸的。 → 中国菜
简单地说，中国菜一般都做熟了再吃。

③ 山西人做菜时少不了放醋。 → 春节
中国人过春节少不了吃年糕、春卷、鱼等传统节日食品。

④ 很多南方人一日三餐都离不开米食。 → 电脑
现在人们生活都离不开电脑了。

教学建议

■ 建议把练习的背景设置成“给一家自助餐厅设计菜单”，将学生分成几个小组，在规定时间里完成菜单设计，并向其他小组介绍自己选择这些食物的原因或理由。

教学建议

■ 建议先在课文串讲中解释两个惯用语的意思，复习两个可能补语的用法，然后让学生分组用指定词语比赛说句子。

教学建议

- 建议让学生互相交换之前设计的自助餐厅菜单，逐一介绍菜单上的食物是用什么做法烹制的。如果有的做法没有食物可以列举，学生需要做补充。
- 讨论介绍完做法后，可以引导学生观察自己的菜单在几种做法上的分布情况，思考菜单是否健康。

12 说一说

要求 说说什么菜是这样做的。

① 
煎：煎饺、煎蛋、煎饼

④ 
炸：炸鸡翅、炸春卷、炸薯条

② 
煮：煮面条、煮饭、煮蛋

⑤ 
炒：炒西兰花、炒青菜、炒面

③ 
蒸：蒸糕、蒸鱼、蒸小笼包

⑥ 
烤：烤牛肉、烤鸭、烤面包

教学建议

- 可以通过限时比赛的方式让学生完成结构图，看哪个小组速度最快。
- 可以让学生根据结构图介绍中国的饮食习惯。

13 小组活动

要求 介绍中国的饮食习惯。

中国的饮食

- ① 中国菜的口味：东鲜、西酸、北咸、南甜
- ② 北方人的主食：面食
- ③ 南方人的主食：米饭
- ④ 中国菜的特色：色、香、味俱全
- ⑤ 菜切好后的形状：丁、丝、块、条
- ⑥ 中国菜的做法：煎、炒、蒸、炸、煮

14 根据实际情况回答问题

1) 你早饭一般吃什么？

2) 在学校，你午饭一般吃什么？

3) 你喜欢吃面食还是米食？你喜欢吃什么面食？

4) 你爱吃甜的还是咸的？你喜欢吃辣的吗？

5) 你经常吃豆制品吗？你常吃什么豆制品？

6) 你会做菜吗？你会做什么菜？

7) 你一日三餐肉吃得多还是蔬菜吃得多？

8) 你喜欢吃什么蔬菜？你喜欢吃什么水果？

9) 你喜欢吃什么零食？你喜欢喝什么饮料？

10) 你们家周末经常去饭店吃饭吗？你们常去哪家饭店？请介绍一下这家饭店。

你可以用

a) 中餐、西餐，我都喜欢吃。

b) 我们全家都爱吃米食。

c) 我父母都是北方人。我们比较喜欢吃面食，例如馒头、饼、面条等。

d) 我们一家人都喜欢吃中餐。我们最爱吃饺子和烤鸭。

e) 我特别喜欢吃辣的。如果有机会，我想去四川尝尝地道的四川菜。

f) 我不爱吃豆腐，因为豆腐没有味道。

g) “一天一苹果，医生远离我。”我每天都吃一个苹果。

教学建议

- 建议让学生面对面或电话采访学校的华人学生或当地的留学生，至少选择6个问题。
- 建议老师提供记录表格，提醒学生一边提问一边记录，然后根据采访记录整理成一篇介绍他人饮食习惯的短文。

第八课 饮食与健康

教学目标

1. 理解和使用“对……有利”“只有……才……”“也就是”“使”。
2. 询问或介绍青少年在饮食方面需要注意的地方，如合理的饮食、健康的饮食习惯等。
3. 介绍不同种类的食物及其主要成分，以及这些成分对身体的影响。
4. 讨论学校餐厅的菜单是否健康并发表自己的意见或建议。
5. 搜集能够表现中国人的饮食习惯和饮食观的说法。

教学重点

1. 生词重点：请教、除此之外、集中、提、主要、适量
2. 短语重点：长身体、足够的营养、合理的饮食、均衡的食物、集中精力、提到、食物金字塔、适量吃
3. 语言点重点：“只有……才……”“也就是”“使”
4. 交际重点：讨论青少年健康饮食的注意事项，介绍饮食成分对身体的影响。

教学提示

1. 只有……才……

用来强调满足了一个条件，才能出现一定的结果，否则就不会出现这样的结果。

结构： 只有 + 小句，主语 + 才 + 小句

示例： 只有多听多练，你才能学好汉语。

只有多吃蔬菜少吃肉，你才不会发胖。

2. 也就是

表示解释说明。

结构： A，也就是 B

示例： 主食，也就是谷类食物。

那个人是王老师，也就是新来的法语老师。

3. 使

表示引起某种结果，招致。

结构： 使 + 名词 + 动词 / 形容词

示例： 这种食物会使人发胖。

你这样做使我很不高兴。

注意：“使”可以替换成“让、叫”。

教学流程

1. 建议先通过讨论学校餐厅本星期的菜单导入本课话题，可以从种类、营养、做法、价格和个人喜好的角度来讨论。
2. 建议结合导入学习生词 1、语言点 1，然后学习课文 1，就课文提问并结合练习 4、5 做扩展表达。
3. 建议先学习生词 2，再讨论练习 6、8，再听课文回答问题，在课文中串讲语言点 2、3，完成角色扮演和小组讨论等练习。
4. 建议文化部分让学生在课后收集能够反映中国人饮食习惯和饮食观的俗语，至少三条。

生词教学

- **请教**：礼貌用语，后面可以跟“请教”的对象或问题，“请教”的对象可以和“向”构成介宾短语，充当“请教”的状语。
- **除此以外**：和“还”搭配使用，表示都包括。
- **集中**：常和表示人、事物、力量的词搭配使用。
- 注意形容词和中心语的搭配使用，如“合理的膳食”。
- 可以利用词语卡片、PPT等方式练习生词。

生词 1 29

1. 营养 (yíngyǎng) nutrition　营养师 (yíngyǎng shī) nutritionist; dietician
2. 请教 (qǐng jiào) seek advice
3. 青少年 (qīngshàonián) teenagers
4. 注 (zhù) concentrate　注意 (zhù yì) pay attention to

   jīn tiān wǒ menxiǎngxiàng nín qǐng jiào qīngshàonián zài yǐn shí fāngmiàn yào zhù yì shén me
   今天我们想向您请教青少年在饮食方面要注意什么？
5. 足 (zú) adequate; enough
6. 够 (gòu) enough　足够 (zú gòu) enough
7. 能量 (néngliàng) energy

   qīngshàoniánzhèng zài zhǎngshēn tǐ, xū yào zú gòu de néngliàng hé yíngyǎng
   青少年正在长身体，需要足够的能量和营养。
8. 均 (jūn) equal
9. 衡 (héng) balanced　均衡 (jūn héng) balance

   hé lǐ de yǐn shí jiù shì yào chī yíngyǎngfēng fù, jūn héng de shí wù
   合理的饮食就是要吃营养丰富、均衡的食物。
10. 谷（穀）(gǔ) cereal; grain
11. 证（證）(zhèng) prove　保证 (bǎo zhèng) ensure; guarantee
12. 充 (chōng) sufficient　充足 (chōng zú) sufficient

    qīngshàoniányīng gāi duō chī gǔ lèi shí wù, bǎo zhèngshēn tǐ huò dé chōng zú de néngliàng
    青少年应该多吃谷类食物，保证身体获得充足的能量。
13. 蛋白质 (dàn bái zhì) protein
14. 除此之外 (chú cǐ zhī wài) besides this
15. 奶制品 (nǎi zhì pǐn) diary products
16. 钙（鈣）(gài) calcium

    tā men zuì hǎo měi tiān dōu chī nǎi zhì pǐn, dòu zhì pǐn děng gāo gài shí pǐn
    他们最好每天都吃奶制品、豆制品等高钙食品。
17. 维（維）他命 (wéi tā mìng) vitamin

    tā men hái yào bǎo zhèng shí pǐn li yǒu zú liàng de wéi tā mìng
    他们还要保证食品里有足量的维他命。
18. 利 (lì) benefit　不利 (bú lì) unfavourable

    bù chī zǎo cān duì shēn tǐ jiàn kāng fēi cháng bú lì
    不吃早餐对身体健康非常不利。

    Grammar: Pattern: ... 对 ... 不利
19. 人们 (rén men) people

    rén men cháng shuō "zǎo chī hǎo, wǔ chī bǎo, wǎn chī shǎo"
    人们常说“早吃好，午吃饱，晚吃少”。
20. 集 (jí) gather　集中 (jí zhōng) concentrate
21. 精力 (jīng lì) energy; vigour
22. 只有 (zhǐ yǒu) only　只有……才…… (zhǐ yǒu … cái …) only

    zhǐ yǒu chī hǎo zǎo cān, tóng xué menshàng kè shí cái néng jí zhōng jīng lì xué xí
    只有吃好早餐，同学们上课时才能集中精力学习。

1 用所给结构及词语写句子

结构：不吃早餐对身体健康非常不利。

① 爸爸　对……发火
爸爸不常对我发火。

② 汉语老师　对……严格
我的汉语老师对我们很严格。

③ 北京　对……印象
我对北京的印象很好。

④ 汉字　对……来说
汉字对我来说不难写，但是很难记。

2 小组活动

要求 为了保证身体获得充足能量，同学们要吃营养丰富、均衡的食物。在规定的时间里完成下表。

谷类食物	高钙的食物	蛋白质丰富的食物	维他命丰富的食物
• 粥	• 豆浆	• 鱼	• 苹果
• 面包	• 酸奶	• 牛肉	• 香蕉
• 包子	• 牛奶	• 猪肉	• 西瓜
• 馒头	• 奶酪	• 鸡蛋	• 橙子
• 大饼	• 鱼	• 虾	• 葡萄
• 饺子	• 虾	• 牛奶	• 桃子
		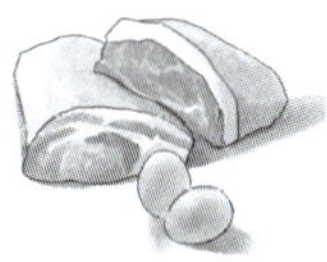	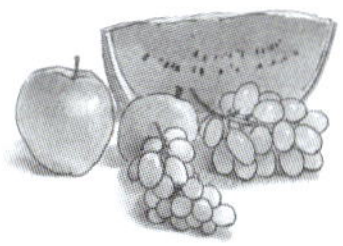

教学建议

- 建议先复习“对”和其他词语构成的介宾短语，如“对……感兴趣、对……很严格”，然后再扩展新的介宾短语，完成练习。
- 老师可以设计几个话题，让学生抽签选择合适的介宾短语作答，如“父母”“上海”“考试”“课外活动”等。

第 1 题　补充练习

1. 姐姐　对……感兴趣
2. 选礼物　对……来说
3. 舅舅　对……好

教学建议

- 建议让学生通过小组合作的方式在规定时间内完成表格，可以一边上网查阅资料一边填写表格。
- 请各小组交换表格，并给出评价和修改意见，对自己认为不恰当的内容给出解释原因。

3 用所给结构及词语看图完成句子

结构：只有吃好早餐，同学们上课时才能集中精力学习。

① 

只有多练，我才能记住汉字。

② 

只有多听，我才能提高听力水平。

③ 

只有认真训练，我才能提高球技。

④ 

只有吃营养丰富、均衡的食物，我才能有健康的身体。

教学建议

- 建议老师通过问答和举例子的方式帮助学生理解“只有……才”的结构和意义。比如“大家不练习写汉字，可以记得住吗？只有怎么做，才可以不变胖？”然后让学生根据题目中的信息完成句子。
- 建议老师让学生用“只有……才……”结构写一句和自己日常生活习惯有关的话，比如“对我来说，只有每天早上跑步，才会觉得一天都非常开心。”

4 采访同学

要求 问十个同学早饭一般吃什么，他 / 她吃的早餐是不是营养丰富。

例子：

你：你早饭一般吃什么？

同学：我早饭一般吃一碗粥、一个煮鸡蛋和一些水果，比如苹果、橙子。我觉得我的早餐营养丰富、均衡，能保证身体有充足的能量。

中式早餐

馄饨　包子　生煎包　小笼包
油条　大饼　煎饼果子　粥

西式早餐

面包　黄油　果酱　花生酱
煎蛋　香肠　火腿　奶酪

水果

苹果　香蕉　橙子　草莓

饮品

牛奶　豆浆　果汁　咖啡

教学建议

- 建议先和学生一起熟悉一下题目中列出的各种食物，简单讨论一下哪些比较健康，哪些不太健康。
- 建议根据班级学生的数量调整采访数量，可以将任务形式调整为在规定时间里尽可能多地采访班上的学生，看看谁的效率最高。然后分享自己采访到的人当中谁的早餐营养最丰富，谁的最不丰富。

课文 1 30

张营养师，今天我们想向您请教青少年在饮食方面要注意什么？

青少年正在长身体，需要足够的能量和营养。他们需要合理的饮食。

怎样才是合理的饮食呢？

合理的饮食就是要吃营养丰富、均衡的食物。青少年应该多吃谷类食物，保证身体获得充足的能量。他们还要多吃蛋白质丰富的食物，比如鱼、虾、肉、蛋等。

除此之外，他们还应注意什么？

他们最好每天都吃奶制品、豆制品等高钙食品，同时还要保证食品里有足量的维他命。

有些同学不吃早饭。这样会影响健康吧？

对。不吃早餐对身体健康非常不利。人们常说“早吃好，午吃饱，晚吃少”。青少年不仅要吃早饭，而且要吃营养丰富的早餐。只有吃好早餐，同学们上课时才能集中精力学习。

教学建议

- 课文重点培养学生的口语交际能力。
- 听录音跟读后，可以让学生两两一组做对话练习。
- 老师可以通过提问检测学生对课文内容的熟悉情况。
- 可以让学生根据课文信息重新评价自己采访过的同学的早餐营养情况。

5 小组讨论

教学建议

- 建议可以将活动主题定为"健康饮食"节目，请一位学生扮演营养师，其他几位学生扮演嘉宾，探讨和评论如何健康地吃一日三餐。老师可以给予必要的补充和支持。

要求 青少年正在长身体，要吃营养丰富、均衡的食物。青少年最好每天都吃：

- 谷类食物
- 蛋白质丰富的食物
- 奶制品、豆制品等高钙食品
- 有足量维他命的食品

说一说你的一日三餐是不是符（fú）合（hé）这些要求。

例子：

同学1：人们常说"早吃好，午吃饱，晚吃少"。早饭特别重要。不吃早餐对健康非常不利。

同学2：你说得对。我们不仅要吃早饭，而且要吃营养丰富，能提供充足能量的早餐。

同学3：你们看看我的早饭怎么样。我喜欢吃中西结（jié）合（hé）的早餐。我早上一般吃两片烤面包，上面抹黄油、果酱，再吃一个鸡蛋，喝一杯豆浆或者一碗粥。我还会吃一些水果，比如香蕉、苹果、橙子。

同学1：我认为你的早饭营养很丰富。只有吃好早饭，我们上课时才能集中精力学习。你午饭一般吃什么？

……

生词 2 31

①
tí
提 mention

②
jīn
金 gold　jīn zì tǎ 金字塔 pyramid　tí dào yǐn shí yǔ jiànkāng, hěn duō rén huì xiǎng dào shí wù jīn zì tǎ
提到饮食与健康，很多人会想到食物金字塔。

③
àn
按 according to　àn zhào 按照 according to

④
zhǔ yào
主要 main

rén men měi tiān chī de shí wù zhǔ yào fēn sì dà lèi. dì yī lèi shì zhǔ shí, yě jiù shì gǔ lèi shí wù
人们每天吃的食物主要分四大类。第一类是主食，也就是谷类食物。

▲ Grammar: Here “也就是” means “is also known as”.

⑤ yù 玉 jade　yù mǐ 玉米 corn　⑥ hán 含 contain　⑦ tàn 碳 carbon

⑧ huà hé wù 化合物 chemical compound　tàn shuǐ huà hé wù 碳水化合物 carbohydrate　zhǔ shí zhǔ yào hán tàn shuǐ huà hé wù
主食主要含碳水化合物。

⑨ rén tǐ 人体 human body　zhǔ shí gěi rén tǐ tí gōngnéngliàng
主食给人体提供能量。

⑩ sù 素 basic element　wéi shēng sù 维生素 vitamin

⑪ xiān 纤（纖）fine; tiny　xiān wéi 纤维 fibre

⑫ kuàng 矿（礦）mine　kuàng wù 矿物 mineral　kuàng wù zhì 矿物质 mineral substance

⑬ zhī 脂 fat　zhī fáng 脂肪 fat

⑭ shì liàng 适量 just the right amount　zhǔ yào hán dàn bái zhì hé zhī fáng de shí wù yīng gāi shì liàng chī, bù néng chī tài duō
主要含蛋白质和脂肪的食物应该适量吃，不能吃太多。

⑮ shǔ 属（屬）belong to　shǔ yú 属于 belong to　hěn duō kuài cān hé líng shí dōu shǔ yú gāo yóu、gāo táng、gāo yán lèi shí pǐn
很多快餐和零食都属于高油、高糖、高盐类食品。

⑯ dà liàng 大量 large number; great quantity　⑰ shǐ 使 make

⑱ fā pàng 发胖 gain weight　zhè xiē shí wù hán dà liàng zhī fáng、táng hé yán, chī tài duō huì shǐ rén fā pàng
这些食物含大量脂肪、糖和盐，吃太多会使人发胖。

生词教学

- 提：表示谈或说起，多用在句首，常搭配“到、起来”等。
- 主要：可以作定语、状语或用在“是……的”结构中，不能单独作谓语。
- 适量：表示合适的数量，有关的词语还有“少量、大量”等。
- 可以利用词语卡片、PPT 等方式练习生词。

教学建议

- 建议老师先和学生复习或列举学过的表示食物成分的词语，然后再让学生两两一组讨论题目中的食物主要含哪些成分。

6 回答问题

1) 米饭主要含什么？

碳水化合物

2) 胡萝卜主要含什么？

维生素、纤维和矿物质

3) 黄油主要含什么？

脂肪

4) 鸡蛋主要含什么？

蛋白质和矿物质

5) 鱼肉主要含什么？

蛋白质和矿物质

6) 面包主要含什么？

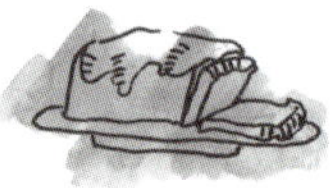

碳水化合物

7) 奶酪主要含什么？

蛋白质和脂肪

8) 豆腐主要含什么？

蛋白质

9) 鸡肉主要含什么？

蛋白质和脂肪

10) 果汁主要含什么？

维生素、纤维和矿物质

教学建议

- 建议串讲完生词后，让学生独立作答练习7，然后在规定时间内和至少三名同学交换自己的回答，并把交换来的句子记录在课本上。
- 可以统计一下效率最高的学生和分享自己收集到的最棒的句子。

7 完成句子

1) 提到饮食与健康，很多人都会想到食物金字塔。

2) 要是想有健康的身体，除了合理饮食以外，还要多运动。

3) 青少年正在长身体，需要足够的能量和营养。

4) 青少年应该多吃谷类食物，保证身体获得充足的能量。

8 看图说话

例子：

第一类食物是主食，也就是谷类食品，包括米饭、面食、玉米、土豆等。这些食物主要含碳水化合物。这类食物可以多吃。第二类……

第四类：高油、高糖、高盐的食品

第三类：鱼、肉、蛋、奶制品、豆制品

第二类：水果、蔬菜

第一类：主食

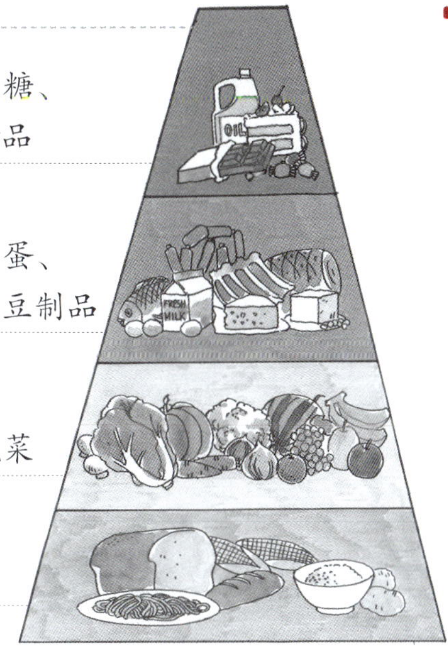

教学建议

- 建议给学生提供表述时所需的词语和结构，老师可以将有关词语板书，如“也就是、包括、主要含、可以”。

9 听课文录音，回答问题 见参考答案

1) 人们吃的食物主要分几大类？

2) 主食给人体提供什么？

3) 瓜果、蔬菜主要含什么营养？

4) 第三类食物是什么？

5) 快餐和零食属于第几类食物？

6) 第四类食物为什么不能多吃？

7) 哪类食物可以多吃一些？

8) 要是想有健康的身体应该做什么？

教学建议

- 可以利用听力练习导入课文。
- 提醒学生边听课文边做笔记。
- 学生回答完问题后，可以让全班按照问题和老师的适量补充完成课文的复述。
- 请学生参照课文对金字塔的解读说一说自己饮食习惯的优缺点。

第9题 参考答案

1. 四大类。
2. 能量。
3. 维生素、纤维和矿物质。
4. 鱼、肉、蛋、奶制品、豆制品等。
5. 第四类食物。
6. 因为这些食物含大量脂肪、糖和盐，吃太多对健康不利，还会使人发胖。
7. 第一类主食。
8. 要合理饮食，还要多运动。

教学建议

- 课文重点培养学生的书面语交际能力。
- 可以在讲解完课文后，让学生填写去掉了重点词语和核心语言点的课文，做完型填空。可以提供不同难度的完型填空让学生根据自己的水平自行选择。
- 建议让学生根据食物金字塔的图片和一些表示食物成分的词语，选择一类食物用课文中的结构练习复述。

课文 2 32

提到饮食与健康，很多人会想到食物金字塔。

按照食物金字塔，人们每天吃的食物主要分四大类。第一类是主食，也就是谷类食物，包括米饭、面食、玉米、土豆等。这些食物主要含碳水化合物，给人体提供能量。这类食物可以多吃一些。第二类是水果、蔬菜，主要含维生素、纤维和矿物质。这类食物也可以多吃。第三类是鱼、肉、蛋、奶制品、豆制品等。它们主要含蛋白质和脂肪。这类食物应该适量吃，不能吃太多。第四类是高油、高糖、高盐的食品。很多快餐和零食都属于这类食品。这些食物含大量脂肪、糖和盐，吃太多对健康不利，还会使人发胖，所以一定要少吃。

要是想有健康的身体，除了合理饮食之外，还要多运动。

10 用所给结构及词语看图完成句子

结构：吃太多含大量脂肪、糖和盐的食物会使人发胖。

① 

不吃早饭使学生不能集中精力学习。

② 

参加汉语短训班使她的口语水平有了很大的提高。

③ 

一个月的见习使他决定以后在大学里学医。

④ 

难忘的中国游学使她决定申请去北京大学。

11 用所给结构完成句子 见参考答案

结构：第一类是主食，也就是谷类食物。

1) 中国饮食有“南米北面”的说法，也就是________________。

2) 人们常说“早吃好，午吃饱，晚吃少”，________________。

3) 香港既是“美食天堂”又是“购物天堂”，________________。

4) 青少年需要合理的饮食，________________。

5) 学语言要眼、耳、口、手一起用，________________。

6) 要多吃高钙食品，________________。

教学建议

- 建议先通过提问的方式设计语境，如“吃很多高油高脂的食物，我们的身体会怎么样？每天都运动，我们的身体会怎么样？”然后用“使”结构来表述。
- 老师还可以通过“头脑风暴”让学生强化“使”结构，比如思考什么可以使我们的汉语水平提高？什么可以使我们保证营养？什么可以使一个城市更吸引人？什么可以使一家饭店客人越来越多？

教学建议

- 建议结合例句讲解“也就是”的意思，然后让学生独立完成课本上的练习，老师提供参考答案。

第 11 题 参考答案

1. 南方人喜欢吃米食，北方人喜欢吃面食
2. 也就是早餐很重要
3. 也就是在香港你能吃到各种美食，也能买到各种商品
4. 也就是他们吃的食物要有足够的能量和营养
5. 也就是要多看、多听、多说、多写
6. 也就是要多吃鱼、肉、蛋等食品

教学建议

- 建议练习前老师引导学生回忆自己在中餐馆吃饭的经历，如果没有的话，请去过的学生介绍一下中餐馆吃饭的经历。
- 建议先复习打电话邀请人的常用语，如“你在干什么？我想约你……”
- 学生可以两人一组进行角色扮演，鼓励学生从语言表达、表演水平等方面互相评价。

12 角色扮演

情景 你打电话约朋友星期六一起去吃港式茶点。

例子：

你：小玉，你在干什么？

朋友：我在写博客。你找我有事吗？

你：我想约(yuē)你这个星期六一起去吃下午茶。我家附近新开了一家饭店。我们一家人上个周末去那里吃了下午茶。那里做的港式点心(diǎn xin)好吃极了！

朋友：好啊！我特别喜欢吃港式点心。我们几点去？

你：我们早点儿去吧！这两个星期所有的点心都打九折，还不收服务费，所以去那里的人多得不得了。

……

（在饭店）

你：你想喝什么茶？

朋友：什么茶都行。

……

港式茶点

凤爪(fèngzhǎo)

云吞面(yún tūn miàn)

叉烧包

萝卜糕

小笼包

春卷

虾饺

蒸排骨

烧卖(shāo mài)

麻球(má qiú)

牛肉肠粉(cháng fěn)

皮蛋瘦肉粥(pí dàn shòu ròu zhōu)

茶：花茶(huā chá)、乌龙茶(wū lóng chá)、铁观音(tiě guān yīn)

九龙酒店：上午九点至下午三点

96

13 小组讨论

要求 讨论学校餐厅提供的饭菜是否健康，餐厅怎样可以做得更好。

例子：

同学 1：餐厅的饭菜大部分都很健康，例如沙拉、水果、盒饭等。

同学 2：你说得对。盒饭营养比较均衡，也适合大多数同学的口味。

同学 3：我觉得为了让同学们多吃盒饭，餐厅应该每天提供不同的盒饭，比如星期一卖牛肉饭，星期二卖鸡肉饭，星期三卖猪排饭等。

同学 1：我认为餐厅最好提供更多种类的盒饭。

同学 2：除此之外，为了吸引更多同学吃盒饭，盒饭还应该便宜一些。

同学 3：我同意（tóng yì）。我觉得餐厅还应该少卖快餐，比如炸鸡块、炸鸡翅、薯条等。

……

你可以用

a) 盒饭的口味很重要。餐厅应提供不同口味的盒饭。

b) 炸鱼和薯条虽然又香又脆，但是里边含大量脂肪。经常吃这些食物对健康不利。我认为餐厅应该少卖快餐。

c) 餐厅不应该卖巧克力、糖果、冰淇淋等零食，也不应该卖汽水、可乐。

d) 水果含维生素、纤维和矿物质，对身体很好。餐厅应该多卖水果，比如苹果、橘子、香蕉等。水果还应该便宜一些。这样可以吸引更多学生买水果。

教学建议

- 建议结合开始时讨论的学校餐厅一周的菜单和课文中介绍的饮食和营养知识，把学生分成不同食物类别做讨论。
- 根据学生讨论的结果，以小组为单位，用中英文写一封建议书给学校餐厅，由老师转交餐厅管理人员，如果可以的话，请管理人员给学生回一封信。

第九课 节日饮食

教学目标

1. 理解和使用“首先……其次……最后……”“几乎”“千万”。
2. 谈论吃快餐给人体健康带来的不利影响和如何预防由此引起的现代疾病。
3. 谈论节日里的饮食习惯对身体的不良影响和预防办法。
4. 初步了解中国人在节日里的饮食习惯和常见的饮食疾病。

教学重点

1. 生词重点：后果、久而久之、引起、才、分、进餐、丰盛、加上、胃口、因此
2. 短语重点：生活节奏、高热量、引起疾病、预防疾病、走亲访友、大吃大喝、大鱼大肉、过量饮酒、上吐下泻、暴饮暴食
3. 语言点重点：“首先……其次……最后……”“几乎”“千万”
4. 交际重点：谈论不良的饮食习惯给人体带来的不利影响和预防办法。

教学提示

1. 首先……其次……最后……

用来依次陈述或罗列原因、情况。

结构： 首先 + 小句，其次 + 小句，最后 + 小句

示例： 首先要养成良好的饮食习惯，其次，每餐只吃八分饱，最后，进餐要定时定量。

开会的时候，首先是校长讲话，其次是老师为学生送祝福，最后是学生代表发言。

2. 几乎

表示差不多。

结构： 几乎 + 动词 / 形容词 / 名词

示例： 他高兴得几乎跳了起来。

他的头发几乎全白了。

弟弟几乎每天都喝饮料。

注意： 句中常带有表示范围或频率或数量的词语。

3. 千万

表示一定、务必，用于非常恳切地叮嘱。

结构： 千万 + 要 + 动词

千万 + 不要 / 不能 / 别 / 不可 + 动词

示例： 节日的时候千万不要暴饮暴食。

刚刚吃完饭，千万别跑步。

注意：“千万”只能用于祈使句，多用于否定句，表示劝阻。

教学流程

1. 建议先通过比赛完成练习 1 导入本课话题。
2. 建议先学习生词 1、语言点 1，完成练习 3，然后学习课文 1，就课文提问并结合练习 4 做扩展表达。
3. 建议先学习生词 2 和语言点 2、3，再听课文录音填空，完成角色扮演等练习。
4. 文化部分建议老师提供一些关于中国节日饮食的报道材料，请学生结合课本内容完成泛读笔记。

生词教学

- **后果**：一般用于不好的结果。
- **久而久之**：表示经过了相当长的时间，可以作状语。
- **才**：一般跟“要、只有、因为”等表示条件、原因的连词搭配使用，后面常有“能、会”等助动词。
- **分**：表示十分之一的比例，口语化色彩比较重，常见结构是“1到9的数词＋分（＋其他成分）”，如“七分饱”。
- **进餐**：表示吃饭，比较正式。
- 可以兼带复习跟疾病、治病有关的词语，如“发烧、拉肚子”等。
- 可以利用词语卡片、PPT等方式练习生词。

生词 1 33

❶ 奏 zòu play; perform　节奏 jié zòu rhythm　现代人生活节奏快，快餐越来越流行。

❷ 后果 hòu guǒ consequence　❸ 久而久之 jiǔ ér jiǔ zhī as time passes　久而久之会给身体健康带来什么后果呢？

❹ 热量 rè liàng quantity of heat　❺ 疾 jí disease　疾病 jí bìng disease　经常吃快餐，人们很可能得现代疾病。

❻ 血 xuè blood　血脂 xuè zhī blood fat　❼ 压 yā pressure　血压 xuè yā blood pressure　高血压 gāo xuè yā high blood pressure

❽ 尿 niào urine　糖尿病 táng niào bìng diabetes　❾ 脏（臟）zàng internal organs of the body　心脏 xīn zàng heart　心脏病 xīn zàng bìng heart disease

❿ 肥 féi fat　肥胖 féi pàng fat　⓫ 症 zhèng illness　肥胖症 féi pàng zhèng obesity

⓬ 引 yǐn cause　引起 yǐn qǐ cause　高盐、油炸的食品容易引起高血压、高血脂等疾病。

⓭ 消 xiāo disappear　⓮ 化 huà melt　消化 xiāo huà digest　⓯ 不良 bù liáng bad　消化不良 xiāo huà bù liáng indigestion

⓰ 肠 cháng intestines　⓱ 胃 wèi stomach　肠胃 cháng wèi digestive system

⓲ 防 fáng prevent　预防 yù fáng take precautions against　⓳ 才 cái can only...when...　那怎么才能预防现代疾病呢？

⓴ 良好 liáng hǎo good; fine　㉑ 垃圾 lā jī rubbish　㉒ 奶油 nǎi yóu cream

㉓ 植 zhí plant　植物 zhí wù plant　植物油 zhí wù yóu vegetable oil　㉔ 分 fēn one-tenth　㉕ 进 jìn eat; drink　进餐 jìn cān have a meal

㉖ 定时 dìng shí at fixed time　㉗ 定量 dìng liàng fixed amount or quantity

㉘ 首先 shǒu xiān first of all　㉙ 其次 qí cì secondly

首先，要养成良好的饮食习惯。其次，每餐最好只吃八分饱。最后，进餐要定时、定量。　Grammar: Pattern: 首先 ... 其次 ... 最后 ...

1 小组活动

要求 在规定的时间里完成下表。

① 哪些食物含有丰富的蛋白质？
- 肉
- 蛋
- 鱼
- 虾

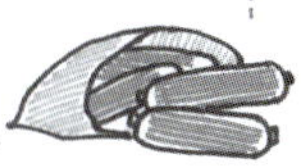

④ 哪些食物含有丰富的铁？
- 海带
- 蛋黄
- 紫菜
- 木耳

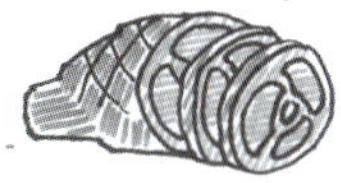

② 哪些食物含有丰富的维生素？
- 胡萝卜
- 西红柿
- 黄瓜
- 青菜

⑤ 哪些食物主要含脂肪？
- 蛋糕
- 油炸食品
- 肥猪肉
- 黄油

③ 哪些食物含有丰富的钙？
- 牛奶
- 奶酪
- 豆浆
- 豆腐

⑥ 哪些食物主要含碳水化合物？
- 米饭
- 面条
- 馒头
- 粥

2 用所给结构完成句子

结构：快餐越来越流行。久而久之会给身体健康带来什么后果呢？

1) 如果你总是坐在那里看电视，久而久之会影响你的视力。

2) 如果你只用电脑打字，不用手写字，久而久之你就会写错别字。

3) 如果你健康饮食、多做运动，久而久之你的身体会更健康。

教学建议

- 可以把学生分成三组或六组，每组都会有一张完整的表格，但是只需要讨论完成指定部分。规定时间到了之后，将各组成员打散重新分组，各成员负责向新结组的成员介绍和请教之前的讨论成果。规定时间到了之后，各成员返回原来的小组，根据收集到的信息完成表格上所有的内容。

教学建议

- 可以通过举例和问答的方式帮助学生理解“久而久之”的意义，如“最近王老师非常忙，每天都坐在电脑前工作十个小时，时间长了以后会怎么样？”“你的腿受伤了，可是却不去看医生，时间长了以后会怎么样？”然后将“时间长了以后”替换为“久而久之”，练习新结构并完成练习。
- 完成课本练习以后，请学生抽“哭脸笑脸”牌，哭脸牌要用“久而久之”举出生活中的反面例子，笑脸牌反之。

教学建议

- 老师可以将例句和一些补充练习拆分成排序题，让学生先按照原因或情况的重要性对小句排序，然后用"首先、其次、最后"表述。
- 可以将练习设计成"百科知识咨询会"，学生分小组先讨论每个问题如何作答，准备好以后，派两名代表到前面，其他小组成员作为咨询者或记者提问，给出简单评价，如"我觉得您说得非常好，……对我很有帮助"。

3 用所给结构完成对话 见参考答案

结构：A: 怎么才能预防现代疾病呢？

B: 首先，要养成良好的饮食习惯。平时少吃垃圾食品，少吃动物脂肪、奶油，多吃蔬菜、水果、瘦肉、鱼、植物油。其次，每餐最好只吃八分饱。最后，进餐要定时、定量。

① A: 怎么才能提高汉语口语水平呢？

B: 首先，……

② A: 怎么才能提高学习成绩呢？

B: 首先，……

③ A: 怎么才能有健康的身体呢？

B: 首先，……

④ A: 怎么才能考进世界一流的大学呢？

B: 首先，……

⑤ A: 怎么才能跟父母有良好的关系呢？

B: 首先，……

⑥ A: 什么是营养丰富、均衡的早餐呢？

B: 首先，……

100

第3题 参考答案

1. 你要多听。其次，你要增加词汇量。最后你还要多说。
2. 你要对学习感兴趣。其次，你考试前要好好复习。最后，你要不断学习新知识，这样才能不断进步。
3. 你要吃营养丰富、均衡的食物。其次，你要早睡早起。最后，你还要多做运动。
4. 各科你要争取好成绩。其次，你要做义工。最后，你还要参加各种课外活动。
5. 你有事要跟父母讲。其次，一家人要多沟通、多交流。最后，一家人要互相理解、互相支持。
6. 你要吃谷类食物。其次，你要吃水果。最后，你要吃含有蛋白质的食物。

课文 1

34

现代人生活节奏快，快餐越来越流行。久而久之会给身体健康带来什么后果呢？

快餐一般是高盐、高糖、高脂肪、高热量的食品。经常吃快餐，人们很可能得现代疾病。

现代疾病有哪些呢？

有高血压、高血脂、糖尿病、心脏病、肥胖症等。高盐、油炸的食品容易引起高血压、高血脂等疾病。高糖、高脂肪的食品会使人肥胖，容易得糖尿病。高热量的食品还容易引起消化不良等肠胃疾病。

那怎么才能预防现代疾病呢？

首先，要养成良好的饮食习惯。平时少吃垃圾食品，少吃动物脂肪、奶油，多吃蔬菜、水果、瘦肉、鱼、植物油。其次，每餐最好只吃八分饱。最后，进餐要定时、定量。

除了饮食之外，还要注意什么？

要是想身体健康，还要经常做运动。

教学建议

- 课文重点培养学生的口语交际能力。
- 听录音跟读后，可以让学生两两一组做对话练习。
- 老师可以通过提问检测学生对课文内容的熟悉情况。
- 请学生将课文对话改写成一篇短文，注意段落的划分和关联词语的使用。

教学建议

- 可以先请学生在纸上不记名地罗列自己平时或本周的饮食清单，用心形符号表示自己对这些食物的喜爱程度，然后提交给老师。老师把收集上来的清单随机回发给学生，请学生根据拿到的食物清单编排对话，最后两两一组表演对话，找出清单的提供者。
- 提醒学生从食物种类、饮食疾病和预防的角度编排对话内容。

4 角色扮演

情景 两个同学一边吃午饭一边谈他们的饮食习惯。

例子：

同学1：你今天吃什么？

同学2：我吃快餐。我最喜欢吃炸鸡块和薯条。

同学1：快餐一般是高盐、高糖、高脂肪、高热量的食品。你应该少吃快餐。

同学2：我记得(jì de)你以前也很喜欢吃快餐。你还喜欢吃薯条、巧克力等零食。你最近吃的东西跟以前不一样了。

同学1：对。因为我堂哥很喜欢吃快餐和零食。他最近得了糖尿病。我觉得我得改变一下自己的饮食习惯了。

同学2：我也应该养成好的饮食习惯。我也得少吃快餐。

同学1：我发现你很喜欢吃肉。

同学2：是啊。……

你可以用

a) 我喜欢吃饼干、糖果和冰淇淋。我最爱吃巧克力。

b) 快餐对健康不利。经常吃快餐，人们很可能得现代疾病。

c) 高糖、高脂肪的食品会使人肥胖，容易得糖尿病。高热量的食品还容易引起消化不良等肠胃疾病。

d) 我们应该少吃油炸食品，多吃蔬菜、水果、瘦肉、鱼等健康食品。我们还要多做运动。

生词 2 35

xiāo　　yuánxiāo jié
❶ 宵 night　元宵节 the Lantern Festival (15th day of the 1st lunar month)

chóngyáng jié
❷ 重阳节 the Double Ninth Festival (9th day of the 9th lunar month)

zǒu　　fǎng　　zǒu qīn fǎng yǒu
❸ 走 visit　❹ 访（訪）visit　走亲访友 call on relatives and friends

jù cān　　jié rì qī jiān, bú lùn gēn jiā rén zài yì qǐ hái shi zǒu qīn fǎng yǒu dōu shǎo bu liǎo jù cān
❺ 聚餐 have a dinner party　节日期间，不论跟家人在一起还是走亲访友都少不了聚餐。

dà chī dà hē　　zhè yàng dà chī dà hē huì duì wǒ men de shēn tǐ yǒu bù hǎo de yǐng xiǎng
❻ 大吃大喝 indulge in wining and dining　这样大吃大喝会对我们的身体有不好的影响。

dà jiā　　shèng　　fēngshèng
❼ 大家 everybody　❽ 盛 rich　丰盛 lavish

jī　　jī hū
❾ 几 nearly; almost　几乎 nearly; almost

jié rì li jī hū měi cān dōu chī jī yā yú ròu zhè xiē gāo zhī fáng、gāo yóu、gāo táng、gāo rè liàng de shí pǐn
节日里几乎每餐都吃鸡鸭鱼肉这些高脂肪、高油、高糖、高热量的食品。

dà yú dà ròu
❿ 大鱼大肉 abundant fish and meat; rich food

duàn　　liàn　　duàn liàn　　tǐ zhòng
⓫ 锻（鍛）forge　⓬ 炼（煉）smelt; refine　锻炼 take exercise　⓭ 体重 weight

jiā shàng　　dà yú dà ròu chī duō le, jiā shàng méi yǒu shí jiān duàn liàn shēn tǐ, huì shǐ wǒ men de tǐ zhòng zēng jiā
⓮ 加上 moreover　大鱼大肉吃多了，加上没有时间锻炼身体，会使我们的体重增加。

wèi kǒu　　tù　　xiè　　shàng tù xià xiè
⓯ 胃口 appetite　⓰ 吐 vomit　⓱ 泻（瀉）have loose bowels　上吐下泻 suffer from vomiting and diarrhoea

guò liàng　　rú guǒ guò liàng yǐn jiǔ, duì jiàn kāng fēi cháng bú lì
⓲ 过量 excessive　如果过量饮酒，对健康非常不利。

yīn cǐ　　qiān wàn
⓳ 因此 therefore　⓴ 千万 be sure to

bào　　bào yǐn bào shí
㉑ 暴 sudden and fierce　暴饮暴食 eat and drink too much (at one meal)

bú lùn chī fàn hái shi yǐn jiǔ dōu yào shì liàng, qiān wàn bú yào bào yǐn bào shí
不论吃饭还是饮酒都要适量，千万不要暴饮暴食。

生词教学

- **丰盛**：一般用来表示食物丰富。
- **胃口**：表示人对食物的要求、想吃东西，常和动词“合、有”搭配。注意区分“胃口”和“口味”。
- **过量**：可以和“少量、适量、大量、定量”等词语一起学习。
- **因此**：所在的结构前一小句表示原因，后一小句表示结果或结论。一般放在第二小句的句首或句中，口语中也可以省略。
- 注意对相似结构做必要的归类，如“ABAC”的四字结构：大吃大喝、定时定量。
- 可以利用词语卡片、PPT 等方式练习生词。

5 用所给结构及词语看图完成句子 见参考答案

结构：节日里的食物特别丰盛，几乎每餐都吃鸡鸭鱼肉。

① 

弟弟的饮食习惯很不好，几乎……

② 

我们的中文老师特别严格，……

③ 

妹妹吃饭时总是没有胃口，……

④ 

中国人的主食以面食、米食为主，……

6 用所给问题编对话

1) 你们家庆祝中国的传统节日吗？庆祝哪些节日？

2) 你们家过节会请人来家里吃饭吗？如果在家里请客，谁做饭？会做什么菜？你会帮忙吗？你会做什么菜？

3) 你们家过节会去饭店吃饭吗？会去哪家饭店？为什么去那家饭店？你们一般点什么菜？

4) 节日期间，你会大吃大喝吗？你最喜欢哪种风味的食物？

教学建议

- 建议老师提供一些图表数据，如某个学生的饮食清单、学校的课程安排，让学生观察其中经常出现的情况并描述，然后让学生替换成“几乎”来表达。

第5题 补充练习

1. 我们学校的毕业生非常优秀，几乎……
2. 他爸爸是飞行员，几乎……
3. 他非常喜欢喝咖啡，几乎……
4. 他学习特别努力，几乎……

教学建议

- 建议老师联系一些中国留学生或华人学生，提供材料，让班上的学生打电话给至少3个人询问这些问题，并根据对方的回答统计一下流行的节日、就餐方式、口味和饮食习惯。
- 建议水平较低的学生可以选择部分问题提问，但是必须包括问题2、4，鼓励水平较高的学生完成所有问题。

第5题 参考答案

1. 每餐都喝饮料。
2. 几乎每节课都有听写。
3. 几乎每次吃饭前都吃零食。
4. 几乎一日三餐都吃米饭、面条或者包子。

7 用所给结构看图完成句子

结构：不论吃饭还是饮酒都要适量，千万不要暴饮暴食。

① 

聚餐时，千万不要大吃大喝。

② 

考试前，千万要认真复习。

③ 

你的病还没好，千万不要去上学，你还要在家休息几天。

④ 

今天有八号台风，千万不要出去，因为今天有暴雨。

8 听课文录音填空

1) 春节、元宵节、端午节、中秋节、重阳节都是中国重要的传统节日。

2) 节日期间，不论跟家人在一起还是走亲访友都少不了聚餐。

3) 大吃大喝会对我们的身体有不好的影响。

4) 节日里的食物特别丰盛。

5) 大鱼大肉吃多了，会使我们的体重增加。

6) 人们在节日聚餐时常常饮酒。

7) 虽然适量饮酒对健康有好处，但是如果过量饮酒，对健康非常不利。

8) 过节时，千万不要暴饮暴食。

教学建议

- 建议先复习“不要、别”的用法，再引入“千万”加强语气，老师可以通过肢体动作来展示，如使劲摆手等，让学生对比“千万”隐现的对句子语气的影响。然后请学生两人一组表演图片内容，一个学生扮演被劝阻的人，一个学生扮演劝阻的人。
- 做完课本练习后，请学生说一说身边最喜欢对自己说“千万不要”的人和故事。

第7题 补充练习

1. 一会儿要下大雨，你出门的时候……
2. 你坐地铁的话，两站就到了，……
3. 跑步前……
4. 明天第一天开学，……

教学建议

- 可以利用听力练习导入课文。
- 建议先让学生读句子，根据生活经验猜测要填写的内容，训练学生预设的能力。
- 提醒学生边听课文边完成填空，不会写的字可以先写拼音或英文。

教学建议

- 课文重点培养学生的书面语交际能力。
- 可以在讲解完课文后，让学生根据课文内容自己设计三到五个问题互相问答。
- 可以请学生仔细阅读课文第二段，总结节日里人们的哪些饮食习惯对身体健康非常不利，结合老师提供的泛读材料试着补充一些自己的看法。

课文 2

春节、元宵节、端午节、中秋节、重阳节都是中国重要的传统节日。节日期间，不论跟家人在一起还是走亲访友都少不了聚餐。这样大吃大喝会对我们的身体有不好的影响。

大家都知道，节日里的食物特别丰盛，几乎每餐都吃鸡鸭鱼肉这些高脂肪、高油、高糖、高热量的食品。大鱼大肉吃多了，加上没有时间锻炼身体，不仅会使我们的体重增加，还容易带来消化不良、胃口不好等问题。有的人还会上吐下泻。另外，人们在节日聚餐时常常饮酒。虽然适量饮酒对健康有好处，但是如果过量饮酒，对健康非常不利。

因此，过节时我们应该注意自己的饮食。不论吃饭还是饮酒都要适量，千万不要暴饮暴食。

9 用所给结构及词语完成句子 见参考答案

结构：大鱼大肉吃多了，加上没有时间锻炼身体，不仅会使我们的体重增加，还容易带来消化不良、胃口不好等问题。

① 节日聚餐时，人们总是大吃大喝，加上常常饮酒，……

健康　注意　千万

② 叔叔有糖尿病、心脏病，……

饮食习惯　身体　越来越

③ 坐火车很舒适，……

车票　寒假　旅行

④ 我从小就喜欢绘画，……

影响　画家　美术

教学建议

- 建议老师先用数学算式让学生练习“A 加上 B”的结构，然后再将算式的数字替换成短语或小句，让学生用“A，加上 B，（结果 / 结论）”补充上结果或结论来表述算式的内容，之后再根据课本上的信息完成句子。

10 用所给结构及词语写句子

结构：不论跟家人在一起还是走亲访友都少不了聚餐。

① 牛奶　豆浆　含有蛋白质
→ 不论牛奶还是豆浆都含有蛋白质。

② 快餐　零食　对健康不利
→ 不论快餐还是零食，经常吃都对健康不利。

③ 坐火车　坐游轮　欣赏风景
→ 不论坐火车还是坐游轮，都能欣赏风景。

④ 法律　商科　感兴趣
→ 不论法律还是商科我都很感兴趣。

107

教学建议

- 建议老师列举两种物品，让学生讨论这两种物品都具备的特点，用“不论 A 还是 B 都……”来描述，然后再完成课本上的练习。

第 10 题　补充练习

1. 妈妈　爸爸　严格
2. 学钢琴　学小提琴　努力
3. 大小　款式　不合适
4. 北京　上海　名胜古迹

第 9 题　参考答案

1. 这对健康非常不利。过节时要注意饮食，千万不要暴饮暴食。
2. 加上他饮食习惯不好，还饮酒。所以他现在身体越来越差。
3. 加上车票也不贵，所以我打算今年寒假坐火车去东北旅行。
4. 加上受父母的影响，我打算以后当画家。我想报考清华大学，读美术专业。

教学建议

- 建议练习前引导学生回忆、分享假期自己是否会因为饮食习惯发生变化而出现过哪些身体疾病，以及在医院看急诊的经验，讨论医生会问的问题，再做情景练习。
- 学生可以两人一组进行角色扮演，先练习情景1，再换同伴练习情景2，鼓励学生从语言表达、语音语调、表演水平等方面互相评价。

11 角色扮演

情景1 春节期间，你每餐都大吃大喝，还没有时间运动。春节以后，你发现自己胖了。

例子：

你：春节期间，我吃了不少好吃的。你也一定吃了很多大鱼大肉吧？
朋友：……
你：你吃了什么？你最喜欢吃哪个菜？
朋友：……
你：几天下来，你有没有觉得消化不良？
朋友：……
你：春节以后，你是不是胖了？
朋友：……
你：我也胖了。我们一起锻炼身体吧！
朋友：……
你：你什么时候有时间？我们去会所的健身房健身吧！
朋友：……

情景2 你今天中午参加了同学的生日派对。在派对上，你吃了很多东西。晚上你上吐下泻。妈妈带你去看急诊（jí zhěn）。

例子：

医生：你觉得哪儿不舒服？
你：……
医生：你今天吃早饭了吗？吃了什么？
你：……
医生：在生日会上，你吃了什么？喝了什么？
你：……
医生：你一共拉了几次？吐了几次？
你：……
医生：你肚子还疼吗？
你：……
医生：你现在感觉怎么样？
你：……
医生：你现在想吃东西吗？
你：……

12 角色扮演

情景　你们学校来了一个中国交换生（jiāo huànshēng）。你跟他聊中国的传统节日。

例子：

你：除了春节，中国人还庆祝哪些传统节日？

交换生：元宵节、端午节、中秋节和重阳节。

你：我知道春节是中国人最重要的节日。春节期间，人们……。什么时候过元宵节？

交换生：正月十五，也就是新年的第十五天。

你：元宵节人们做什么？

交换生：人们吃元宵、赏花灯、猜（cāi）灯谜（dēng mí）。

你：元宵节之后有什么节日？

交换生：端午节。

你：我知道这个节日。……

交换生：你也听说过中秋节吧？

你：对。中秋节……。那中秋节之后呢？

交换生：你听说过重阳节吗？重阳节在农历九月初九。重阳节那天晚辈会去看望（kàn wàng）长辈。那天人们还会去登山（dēng shān）、远足（yuǎn zú）。

……

你可以用

a) 春节前人们会做很多准备工作。

b) 年夜饭，除了鸡鸭鱼肉，人们还吃饺子、春卷、年糕、汤圆等节日食品。

c) 元宵也叫汤圆（tāng yuán）。这种食品在北方叫元宵，在南方叫汤圆。

d) 端午节在农历五月初五。

e) 中秋节在农历八月十五。

f) 现在重阳节也叫老人节。人们会去看望家里的长辈。

教学建议

- 建议先从节日名称和日期、庆祝习俗、传统食物等角度让学生回忆一下谈论过的中国传统节日。如果学生印象不深了，老师可以播放几组图片或视频片段，让学生根据信息说出节日名称等，然后再编排对话内容。
- 建议这部分增加对话任务，让学生谈论自己国家的类似节日。

第十课　现代科技

教学目标

1. 理解和使用“是”“难道”“要是……也……”“叫”“即使……也……”。
2. 谈论自己经常用电脑做的事情以及使用电脑时要注意的地方。
3. 介绍电脑智能手机的功能和用途。
4. 谈论和比较电子产品在功能上的异同点。
5. 了解现代科技，特别是智能手机在中国人生活中发挥的重要作用。

教学重点

1. 生词重点：对、空儿、确实、盯、放心、随时、按、立刻、肯定、依赖
2. 短语重点：用途很多、查资料、浏览网页、下载音乐、联络朋友、报道新闻、播放音乐、智能手机
3. 语言点重点：“是”“难道”“要是……也……”“叫”“即使……也……”
4. 交际重点：介绍电脑、智能手机的功能和用途，谈论自己使用电脑、手机的情况。

教学提示

1. 是

表示肯定上文提到的情况或信息，相当于“的确、真的”。

结构： 主语 + 是 + 谓语

示例： 昨天晚上下雨了吧？——昨天晚上是下雨了。

听说中国人过春节的时候特别热闹。——中国人过春节是特别热闹。

注意：“是”一般要重读，表示非常肯定。

2. 难道

用来加强反问语气。

结构： 难道 + 小句 + 吗？

难道 + 小句 + 不成？

示例：难道没有电脑你就不能工作了吗?

难道你想自己把一个蛋糕都吃完不成?

注意：“难道”表示说话人认为不大可能或不相信，不能用在陈述句或一般疑问句中。

3. 要是……也……

表示如果发生某种情况，结果不变。

结构：要是 A 也 B

示例：要是我忘了带手机也没问题。

要是你不能去参加聚会，我也会去的。

4. 叫

表示让人做某事。

结构：叫 + 名词 + 动词

示例：手机可以叫我按时起床。

妈妈叫我到厨房帮忙洗菜。

注意：“叫”的指人宾语同时也是后面动词性成分的主语，也就是“兼语”。构成类似结构的词语还有“使、让”。

5. 即使……也……

表示假设、让步，但是结果或结论不受影响。

结构：即使 A，也 B

示例：即使明天下雪，我们也还会去森林公园。

即使不用电脑，我也可以完成这份作业。

教学流程

1. 建议通过讨论学生每天都会使用的高科技产品导入本课话题。
2. 建议结合导入学习生词 1，结合练习 1、2 学习语言点 1、2，完成练习 3，然后学习课文 1，就课文提问并结合练习 5 做扩展表达。
3. 建议先学习生词 2，讨论练习 7，然后结合练习 6、8 学习语言点 3、4、5，再听课文做填空，完成角色扮演和小组讨论等练习。
4. 建议文化部分请学生上网调查高科技特别是智能手机在中国人日常生活中的影响，建议老师分享自己的实际生活经历。

第十课　现代科技

生词教学

- 对：表示面对，常和“着”连用。
- 空儿：一般和“有、没有”搭配，注意儿化音。
- 确实：可以放在动词、形容词前表示强调，可以重叠为 AABB 式。
- 盯：后面常常跟“着、住”，很少单用。
- 放心：动宾结构的离合词，中间可以插入其他成分，也可以带宾语，还可以受程度副词“很、非常”等的修饰。
- 可以利用词语卡片、PPT 等方式练习生词。

生词 1　37

❶ 轻（輕）qīng small in number, degree, etc.　年轻 niánqīng young　年轻人 niánqīng rén young people

❷ 对 duì face　我看到你们年轻人一天到晚都对着电脑。(wǒ kàn dào nǐ men niánqīng rén yì tiān dào wǎn dōu duì zhe diàn nǎo)

❸ 楚 chǔ clear　清楚 qīng chu be clear about　❹ 用途 yòng tú use　您可能不太清楚，电脑的用途可多了！(nín kě néng bú tài qīng chu, diàn nǎo de yòng tú kě duō le)

❺ 娱（娛）yú entertainment　娱乐 yú lè entertainment　❻ 扮 bàn play the part of　扮演 bàn yǎn play the part of

❼ 角色 jué sè role　不管在学习、生活还是娱乐方面，电脑都扮演着重要的角色。(bù guǎn zài xué xí、shēng huó hái shi yú lè fāngmiàn, diàn nǎo dōu bàn yǎn zhe zhòng yào de jué sè)

❽ 查 chá look up　❾ 资（資）zī information　资料 zī liào information

❿ 省 shěng save　用电脑上网查资料，既方便又省时。(yòng diàn nǎo shàngwǎng chá zī liào, jì fāngbiàn yòu shěng shí)

⓫ 打字 dǎ zì type　⓬ 整 zhěng orderly　⓭ 齐 qí in good order　整齐 zhěng qí even; neat

⓮ 改 gǎi correct　电脑还可以帮我改错呢！(diàn nǎo hái kě yǐ bāng wǒ gǎi cuò ne)　⓯ 社交 shè jiāo social contact　社交网 shè jiāo wǎng Social Network Site

⓰ 信息 xìn xī information　我上社交网跟朋友聊天儿、交流信息。(wǒ shàng shè jiāo wǎng gēn péng you liáo tiānr、jiāo liú xìn xī)　⓱ 浏（瀏）览 liú lǎn browse

⓲ 页（頁）yè page　网页 wǎng yè webpage　⓳ 新闻 xīn wén news　⓴ 空儿 kòngr free time

㉑ 载（載）zài record　下载 xià zài download

㉒ 难道 nán dào Could it be said that...　难道没有电脑就不能学习、生活了吗？(nán dào méi yǒu diàn nǎo jiù bù néng xué xí、shēng huó le ma)

Grammar: “难道” can be used to form a rhetorical question.

㉓ 替 tì replace　代替 dài tì replace　电脑只能帮助我们学习，不能代替我们学习。(diàn nǎo zhǐ néng bāng zhù wǒ men xué xí, bù néng dài tì wǒ men xué xí)

㉔ 确实 què shí indeed　电脑确实在生活中越来越重要了。(diàn nǎo què shí zài shēng huó zhōng yuè lái yuè zhòng yào le)　㉕ 盯 dīng stare at

㉖ 视力 shì lì eyesight　在电脑前坐太久，视力是会受影响。(zài diàn nǎo qián zuò tài jiǔ, shì lì shì huì shòu yǐng xiǎng)　㉗ 放心 fàng xīn rest assured

Grammar: “是” can be used to emphasize the previous statement.

1 用所给结构看图完成对话 见参考答案

结构：A: 我担心你每天都盯着电脑，眼睛会坏。
B: 在电脑前坐太久，视力是会受影响。

① 

A: 这个汉语夏令营挺贵的。
B: ______________________

② 

A: 听说香港的自然风景很独特。
B: ______________________

③ 
A: 我觉得汉字很难。我总是记不住。
B: ______________________

④ 
A: 春节的节日食品很丰盛吧？
B: ______________________

2 用所给结构及词语完成句子

结构：难道没有电脑就不能学习、生活了吗？

1) 难道电脑 能代替我们学习吗 ？（代替　学习）
2) 难道你在家里 不能发表你的意见吗 ？（发表　意见）
3) 难道你从来都 没做过义工吗 ？（做过　义工）
4) 难道你 忘了你妈妈的生日吗 ？（忘了　生日）
5) 难道你 不知道多吃零食对健康不利吗 ？（零食　不利）
6) 难道你 不增加词汇量就能提高阅读水平吗 ？（词汇量　增加）

111

教学建议

- 建议将活动设计为“鹦鹉学舌”，可以让学生随机报数字或颜色，老师根据情况把学生分成两组，一组说原句，一组带上“鹦鹉”帽一边点头一边用“是”字句复述。
- 注意提醒学生“是”的位置。

第 1 题　补充练习

1. 哈尔滨的冬天很冷吧？
2. 你上次考试考得不错吧？
3. 我觉得过年过节很容易暴饮暴食。
4. 北方人好像特别爱吃面食。

教学建议

- 可以设置情景让学生先练习不加“难道”的反问句，再用“难道”来加强反问语气。

第 1 题　参考答案

1. 这个汉语夏令营是挺贵的，但是值得参加。
2. 香港的自然风景很美，是很独特。
3. 汉字是很难记，我也记不住。
4. 春节的节日食品是很丰盛，有鸡、鸭、鱼、肉等等。

教学建议

- 学生可以三到四人一组轮流问答，记录数据。
- 建议老师提供一份记录表格，提醒学生一边提问一边记录。

教学建议

- 建议将练习 4 在课文串讲中随文练习。

3 用所给问题编对话

1) 你是什么时候开始用电脑的？你是什么时候有自己的电脑的？

2) 在学习和生活中，你经常用电脑做什么？

3) 你每天花多长时间用电脑？你主要用电脑学习还是娱乐？

4) 你觉得电脑在哪方面最有用？

5) 在汉语学习方面，电脑能为你做什么？

6) 电脑对你有什么不好的影响？

7) 对于刚有自己电脑的低年级同学，你有什么电脑使用方面的建议？你想提醒他们注意什么？

4 用所给结构及词语写句子

① 电脑确实在生活中越来越重要了。	→	生活水平　高 现在中国人的生活水平越来越高了。
② 电脑只能帮助我们学习，不能代替我们学习。	→	家教　困难　做作业 如果我们做作业时遇到困难，家教只能帮助我们，不能代替我们做作业。
③ 我担心你每天都盯着电脑，眼睛会坏。	→	不吃早餐　精力 我担心你不吃早餐会没有精力学习。

课文 1

38

我看到你们年轻人一天到晚都对着电脑。你们用电脑做什么？

您可能不太清楚，电脑的用途可多了！不管在学习、生活还是娱乐方面，电脑都扮演着重要的角色。用电脑上网查资料，既方便又省时。用电脑打字、写文章，又快又整齐。电脑还可以帮我改错呢！

除了这些，你还用电脑做什么？

我用电脑收、发电邮，上社交网跟朋友聊天儿、交流信息。我有空儿时会浏览网页，看看新闻。我还喜欢在网上下载音乐、电影、游戏等。

听你这么说，难道没有电脑就不能学习、生活了吗？

也不是。电脑只能帮助我们学习，不能代替我们学习。但是，电脑确实在生活中越来越重要了。

我担心你每天都盯着电脑，眼睛会坏。

在电脑前坐太久，视力是会受影响。您放心，我会提醒自己注意。

教学建议

- 课文重点培养学生的口语交际能力。
- 听录音跟读后，可以让学生两两一组做对话练习。
- 老师可以通过提问检测学生对课文内容的熟悉情况。
- 可以让学生结合某一具体情况说一说电脑的用途，比如学习汉语、举办活动等。

教学建议

- 建议用 1、2、3、4 给学生编号，然后学生根据老师指令结组。每个学生先根据自己的情况做一些准备，然后在规定时间里谈论自己常用电脑做的事情。讨论完以后，每个学生都有三分钟时间调整或修改自己的信息，再听老师指令和新的同学结成小组，继续讨论。
- 请学生自愿分享自己多次修改以后的成果，和课本上的提示信息比较，哪些在自己常做的清单里，哪些不在，为什么。

5 小组讨论

要求 和同学聊一聊自己常用电脑做什么。

- 打字、写文章
- 看电影、听音乐、玩儿游戏
- 收、发电邮
- 浏览网页
- 查资料
- 上社交网聊天儿
- 上社交网交流信息
- 在网上下载音乐、电影、游戏
- 在网上购物
- 在网上订车票、机票

例子：

同学 1：我做作业时经常上网查资料，既方便又省时。

同学 2：我每天都给朋友发电邮。

同学 3：我从来都不看电视，我有空儿时会上网看新闻。

同学 1：我常常用电脑打字、写文章。电脑还可以帮我改错呢！

……

你可以用

a) 我对体育特别感兴趣。我经常上网看体育比赛、体育新闻。

b) 我喜欢上网买东西。我在网上买过衣服、鞋、书等。网上买的东西比商店里的便宜得多。

c) 我在网上订过火车票和飞机票。上个星期我还在网上买了电影票。

d) 我现在很少去图书馆查资料。我想要的资料几乎都能在网上找到。

生词 2 39

suí shí ① 随时 at any time　péi ② 陪 accompany　bàn ③ 伴 accompany　péi bàn 陪伴 accompany

shēnbiān ④ 身边 at or by one's side　wǒ de "xīn péng you" suí shí péi bàn zài wǒ shēnbiān, bāng wǒ zuò hěn duō shì qing 我的"新朋友"随时陪伴在我身边，帮我做很多事情。

luò ⑤ 络（絡）hold something in place with a net　lián luò 联络 contact　àn ⑥ 按 press

jiàn ⑦ 键（鍵）key (of a computer, piano, etc.)　rú guǒ xiǎng lián luò péng you, wǒ zhǐ yào àn jǐ ge jiàn jiù kě yǐ le 如果想联络朋友，我只要按几个键就可以了。

fā shēng ⑧ 发生 happen　lì kè ⑨ 立刻 immediately　bào dào ⑩ 报道 report

wàng jì ⑪ 忘记 forget　zhàoxiàng ⑫ 照相 take a picture or photo

yào shi ⑬ 要是 if　yào shi yě 要是……也…… if　yào shi wǒ wàng jì dài xiàng jī yě méi wèn tí, tā kě yǐ wèi wǒ zhàoxiàng 要是我忘记带相机也没问题，它可以为我照相。

shí kè ⑭ 时刻 moment　shè ⑮ 摄（攝）shoot　shè xiàng 摄像 make a video recording　nánwàng de shí kè, tā kě yǐ wèi wǒ shè xiàng 难忘的时刻，它可以为我摄像。

sōng ⑯ 松（鬆）relax　fàngsōng 放松 relax

bō ⑰ 播 spread　bō fàng 播放 broadcast　wǒ xiǎng fàngsōng yí xià de shí hou, kě yǐ yòng tā bō fàng yīn yuè、diànyǐng 我想放松一下的时候，可以用它播放音乐、电影。

suàn shù ⑱ 算数 count　bāng shou ⑲ 帮手 helping hand　wǒ xū yào suàn shù de shí hou, tā shì wǒ de hǎo bāng shou 我需要算数的时候，它是我的好帮手。

zì diǎn ⑳ 字典 dictionary　nào ㉑ 闹 noisy　nào zhōng 闹钟 alarm clock　jiào ㉒ 叫 make

àn shí ㉓ 按时 on time　měi tiān zǎo shang tā yòu shì nào zhōng, jiào wǒ àn shí qǐ chuáng 每天早上它又是闹钟，叫我按时起床。

kěn ㉔ 肯 agree　kěn dìng 肯定 certainly　nǐ kěn dìng zǎo jiù cāi chū wǒ de "péng you" shì shéi le ba? 你肯定早就猜出我的"朋友"是谁了吧？

zhì ㉕ 智 intelligence　zhì néng 智能 intelligent　zhì néngshǒu jī 智能手机 smart phone

jí ㉖ 即 even if　jí shǐ 即使 even if　jí shǐ yě 即使……也…… even if

yī ㉗ 依 rely on　lài ㉘ 赖（賴）rely on　yī lài 依赖 rely on

jí shǐ zhè ge "hǎo péng you" shén me shì dōu huì zuò, wǒ yě bù yīng gāi tài yī lài tā 即使这个"好朋友"什么事都会做，我也不应该太依赖它。

生词教学

- **随时**：一般可以和"都"连用，用在动词前作状语。
- **按**：在本课出现了两个意思，一个是动词，表示"向下压"；一个是介词，表示"按照"。
- **立刻**：可以修饰动词或形容词，可以跟"就"连用，强调时间短。
- **肯定**：用于主观猜测，可以用在动词或形容词前作状语。
- **依赖**：可以受程度副词修饰。
- 可以复习和比较表示假设的几组关联词语，如"如果"。
- 可以利用词语卡片、PPT 等方式练习生词。

6 用所给结构及词语完成句子 见参考答案

结构：要是我忘记带相机也没问题，手机可以为我照相。

1) 要是我忘记朋友的电话号码＿＿＿＿＿＿＿＿＿＿。
（不用担心　手机）

2) 要是你明天没时间吃早饭＿＿＿＿＿＿＿＿＿＿。
（没问题　带）

3) 要是你不习惯用筷子＿＿＿＿＿＿＿＿＿＿。
（没关系　刀叉）

4) 在学习汉语的过程中，要是遇到困难＿＿＿＿＿＿＿＿＿＿。
（没关系　坚持下去）

教学建议

- 结合例句，老师可以让学生思考如果第二天要坐飞机到中国旅行，哪些事情的发生会对自己有影响，哪些不会。比如天气、忘记带东西、身体状况等，然后总结有影响的一般用“要是……就……”来表述，没有什么影响的可以用“要是……也……”来表述。

7 小组活动

要求　在规定的时间里写出智能手机的功能。

智能手机的功能		可以用手机做的事
• 打电话	→	• 联络家人和朋友
• 播放音乐	→	• 听音乐
• 摄像	→	• 拍录像
• 查字典	→	• 查字典
• 翻译	→	• 翻译词语、句子和文章
• 闹钟	→	• 早上叫我们起床
• 照相	→	• 拍照

教学建议

- 建议将练习设计为“手机广告”，可以让使用或喜欢同一品牌手机的学生结组，在规定时间里写出可以用这款手机做的事情。
- 学生可以一边陈述一边用自己的手机展示这些功能。鼓励学生说一说自己觉得最重要和最喜欢的功能。

116

第 6 题　参考答案

1. 也不用担心，手机里有朋友的电话号码。
2. 也没问题，你可以带几个面包在路上吃。
3. 也没关系，你可以用刀叉。
4. 也没关系。只要坚持下去，你一定能把汉语学好。

8 用所给结构看图完成句子

A 结构：每天早上它又是闹钟，叫我按时起床。

①

营养师叫我多吃水果。

②

足球队长叫我们认真打球。

B 结构：即使这个"好朋友"什么事都会做，我也不应该太依赖它。

①

即使电脑什么事都会做，我也不应该让它代替我做事。

②

即使明天下雪，我也想去游览长城。

9 听课文录音填空

1) 如果想 <u>联络</u> 朋友，我只要按几个键就可以了。

2) 要是我想知道世界上发生了什么事情，它可以立刻 <u>报道</u> 新闻。

3) 要是我 <u>忘记</u> 带相机也没问题，它可以为我照相。

4) 难忘的时刻，它可以为我 <u>摄像</u> 。

5) 我想放松一下的时候，可以用它 <u>播放</u> 音乐、电影。

6) 我需要 <u>算数</u> 的时候，它是我的好帮手。

7) 我遇到生词的时候，它可以帮我查 <u>字典</u> 、翻译。

8) 每天早上它又是 <u>闹钟</u> ，叫我按时起床。

教学建议

- 关于"叫"，老师可以先让学生看图片或视频，询问学生"A 跟 B 说什么？B 要去做什么？"然后用"A 叫 B 做……"表述，完成相应练习。
- 关于"即使……也……"，建议老师通过"如果"正反提问学生，在学生给出不变的回应时，引入"即使……也……"结构完成表述。

教学建议

- 可以利用听力练习导入课文。
- 建议先让学生读句子，根据生活经验和上下文猜测要填写的内容，训练学生预设的能力。
- 提醒学生边听课文边完成填空，不会写的字可以先写拼音或英文。

教学建议

- 课文重点培养学生的书面语交际能力。
- 可以在讲解完课文后，让学生扮演“手机”和“主人”，把课文内容编写成对话表演。
- 可以让学生仔细阅读第二段，划出表示假设和想法的短语和结构，如“如果、要是、我想、我觉得”等，并用这些短语和结构描述一种自己常用的电子设备。如果学生水平较低，也可以通过老师读课文、重读关键词、让学生划线的方式挑选出这一类词语，再仿照段落练习表达。

课文 2 40

我最近交了一个“新朋友”。它随时陪伴(suí shí péi bàn)在我身边(shēn biān)，帮我做很多事情。

如果想联络(lián luò)朋友，我只要按(àn)几个键(jiàn)就可以了。如果想查电邮，我只要连上无线网就行了。要是(yào shi)我想知道世界上发生(fā shēng)了什么事情，它可以立刻报道(lì kè bào dào)新闻。要是我忘记(wàng jì)带相机也没问题，它可以为我照相(zhào xiàng)。难忘的时刻(shí kè)，它可以为我摄像(shè xiàng)。我想放松(fàng sōng)一下的时候，可以用它播放(bō fàng)音乐、电影。我觉得无聊的时候，可以用它玩儿游戏。我需要算数(suàn shù)的时候，它是我的好帮手(bāng shou)。我遇到生词的时候，它可以帮我查字典(zì diǎn)、翻译。每天早上它又是闹钟(nào zhōng)，叫(jiào)我按时(àn shí)起床。

听到这里，你肯定(kěn dìng)早就猜出我的“朋友”是谁了吧？它就是我的智能手机(zhì néng shǒu jī)。不用提醒我也知道，即使(jí shǐ)这个“好朋友”什么事都会做，我也(yě)不应该太依赖(yī lài)它。

10 小组活动

要求 在规定的时间里写出家里的家具和电器。

① 客厅
家具：沙发、电视柜、茶几、椅子、咖啡桌
电器：电视机、电话、台灯

② 厨房
家具：碗柜
电器：冰箱、微波炉、电磁炉、煤气炉、烤箱

③ 卧室
家具：床、衣柜、床头柜
电器：台灯

④ 书房
家具：书桌、桌子、书架、书柜
电器：电脑、台灯

11 小组讨论

要求 比较智能手机和平板电脑在功能上的异同(yì tóng)。

例子：

同学 1：智能手机可以照相，平板(píng bǎn)电脑也可以照相。

同学 2：……

功能	智能手机	平板电脑
照相	✓	✓

教学建议

- 建议把四个处所作为四个小站，学生分成四个小组，规定时间里在固定的小站写出家具家电，时间到了以后把答案纸放在指定位置后转移到下一个小站继续活动。
- 四个小组都完成了四个小站的任务后，每个小组负责统计一个小站的回答冠军，并整合三个小组的答案纸，整理出一份完整的活动清单，看看哪个房间的家具和家电最丰富。

教学建议

- 建议通过“背靠背”的方式做练习。学生分成两个小组先讨论智能手机和平板电脑的异同点。然后每轮比赛各小组派出一个代表背对背站立，老师说回头的同时出示一项功能，先抢答出“A 可以……，B 可以 / 不可以……”的同学为小组赢得一分。

教学建议

- 建议练习前引导学生回忆向父母提出购买电脑、手机时的情景，父母会提出哪些问题，自己对新电脑或手机有哪些要求。
- 鼓励学生用多种提问方式，如是非问句、正反问句、反问句、特殊疑问句。
- 学生可以两人一组进行角色扮演，鼓励学生从语言表达、语音语调、表演水平等方面互相评价。

情景1 你想让爸爸给你买一台新电脑。

例子：

你：爸爸，我觉得我的电脑太慢了。您能不能给我买一台新电脑？

爸爸：……

你：您能不能给我买一台最新款的电脑？

爸爸：……

你：您能不能给我买一台好一点儿的电脑？

爸爸：……

你：新电脑算(suàn)是我今年的生日礼物，可以吗？

爸爸：……

你：我们明天去买，行吗？我现在的电脑太慢了，生活和学习都很不方便。

爸爸：……

你：那您什么时候给我买？

爸爸：……

你：您这个周末就给我买，可以吗？

爸爸：……

情景2 妈妈问你想要什么生日礼物。你想要一部新手机。

例子：

妈妈：下个星期六是你的生日。你想要什么生日礼物？

你：……

妈妈：你想要什么样的手机？

你：……

妈妈：那种智能手机很贵吧？大概多少钱？

你：……

妈妈：你为什么喜欢那个牌子(pái zi)的手机？

你：……

妈妈：学生不需要买那么贵、功能那么多的手机。你觉得呢？

你：……

妈妈：那你出一半钱，我出一半钱，怎么样？

你：……

妈妈：我们明天先去商场看看，好吗？

你：……

13 小组讨论

要求 讨论一下在日常生活中谁是你的好朋友。

例子：

同学 1：智能手机是我的“好朋友”。它每天都为我做很多事情。早上它叫我起床。我学习的时候用它查资料、查字典、翻译。我想放松一下的时候用它播放音乐、电影。我还喜欢用它聊天儿、照相。我现在已经离不开它了。

a) 姐姐是我的好朋友。我什么事都跟她说。我们互相关心、互相爱护、互相支持。

b) 哥哥是我的好朋友。我们既是兄弟又是朋友。如果有难过的事，我一定会先告诉他。如果有开心的事，我也愿意跟他分享。

c) 电脑是我的“好朋友”。我用它写文章、查资料、上网聊天儿、看电影、听音乐。

同学 2：我的狗是我的好朋友。它每天都陪我看电视，陪我跑步，跟我一起玩。如果有不开心的事，我会跟它说，它会陪在我身边。

同学 3：妈妈是我的好朋友。虽然她工作十分繁忙，但是她非常关心、爱护我。如果我遇到什么麻烦，她会及时地给我帮助。

……

教学建议

- 建议要求学生在表达中使用“如果、我想、为”等词语介绍自己的好朋友。
- 可以请学生用录音软件独立完成口头汇报，上传到班级网站或汇总给老师，老师可以挑选一部分学生作业以听力练习的方式分享，让学生猜猜他的好朋友是谁，然后由作者公布答案。

第十一课 休闲娱乐

教学目标

1. 理解和使用"有""有些……，有些……，还有些……""跟……相比""一方面……，另一方面……""让""跟……学"。
2. 询问他人或介绍自己喜欢的报纸内容、看报习惯以及免费报纸的优缺点。
3. 介绍自己的一个新爱好，包括产生兴趣的原因、取得的成绩等。
4. 谈论自己的休闲爱好。
5. 了解现代科技对中国青少年业余生活的影响。

教学重点

1. 生词重点：好像、仔细、反复、扩大、增长、产生、一下子、迷、长进
2. 短语重点：派发报纸、关心时事、内容全面、方便携带、反复阅读、扩大视野、增长知识、产生兴趣、迷住、勤学苦练、大有长进
3. 语言点重点："有""有些……，有些……，还有些……""跟……相比""一方面……，另一方面……""让""跟……学"
4. 交际重点：介绍自己的兴趣爱好，谈论阅读书籍报刊的习惯和收获。

教学提示

1. 有

表示存在。

结构： 处所名词 + 有 + 名词 + 动词

时间名词 + 有 + 名词 + 动词

示例： 地铁站门口有人发报纸。

学校门口没有人卖小吃了。

星期三有三个学生要来我们班参观。

2. 有些……，有些……，还有些……

表示列举。

结构： 有些 + 小句，有些 + 小句，还有些 + 小句

示例：有些书我会仔细看，有些书我会浏览一下，有些书我只看看介绍。

公园里很热闹，有些人在打太极拳，有些人在跑步，还有些人在跳广场舞。

3. 跟……相比

用于和某种事物或情况做比较。

结构：跟 A 相比，B + 形容词 / 动词

示例：跟他相比，我的汉语水平很差。

跟电脑相比，智能手机更便于随身携带。

注意："跟"可以替换为"和"。

4. 一方面……，另一方面……

表示罗列一个事物的两个角度。

结构：一方面 + 小句，另一方面 + 小句

示例：看报纸一方面可以增长知识，另一方面可以提高阅读速度。

打太极拳一方面能强身健体，另一方面能保持好的心情。

5. 让

表示被动，常用于口语。

结构：名词 + 让 + 名词 + 动词 + 其他成分

示例：我让打太极拳的人吸引住了。

哥哥的书让同学借走了。

6. 跟……学

表示向某人学习，"跟"引入学习的对象。

结构：A 跟 B 学 + 动词 / 名词

示例：我跟姨妈学做家务。

他跟爷爷学太极拳。

教学流程

1. 建议通过讨论班上同学的兴趣爱好导入本课话题。
2. 建议老师带几张中英文的报纸、学校校报到教室，结合这些报纸学习生词 1、语言点 1、2、3，然后学习课文 1，就课文提问并结合练习 4 做扩展表达。
3. 建议先讨论学校提供的课外活动，再学习生词 2 和语言点 4、5、6，然后听课文回答问题，完成小组讨论和口头报告等练习。
4. 建议文化部分请学生对比青少年在科技影响下的变化，分小组制作展板并在学校餐厅等地展览。老师也可以挑选一到两种传统游戏在学校开展一次活动，如跳皮筋、下跳棋等。

生词教学

- **好像**：表示猜测、估计，可以用在动词、形容词前作状语。
- **仔细、反复**：都可以重叠为 AABB 式。
- **扩大**：一般和表示“数量、范围、规模的词语搭配。
- **增长**：一般和表示数量、知识、才能的词语搭配。
- 可以利用录音、词语卡片、PPT 等方式练习生词。

生词 1 (41)

1. 日子 rì zi day
2. 好像 hǎo xiàng seem
3. 报纸 bào zhǐ newspaper
4. 出口 chū kǒu exit
5. 派 pài dispatch　派发 pài fā dispatch
6. 有 yǒu one; some　地铁站出口有人派发免费报纸。(dì tiě zhàn chū kǒu yǒu rén pài fā miǎn fèi bào zhǐ)
7. 时事 shí shì current affairs
8. 政治 zhèng zhì politics
9. 漫 màn free; casual　漫画 màn huà cartoon
10. 栏（欄）lán column　专栏 zhuān lán (special) column
11. 读者 dú zhě reader
12. 携（攜）xié bring along　携带 xié dài bring along
13. 全面 quánmiàn comprehensive
14. 标（標）biāo mark; sign　标题 biāo tí title; headline
15. 仔 zǐ tiny; trivial
16. 细（細）xì careful　仔细 zǐ xì careful
17. 篇章 piānzhāng articles
18. 反 fǎn reverse　反复（復）fǎn fù repeatedly

有些内容我只看大标题，有些会仔细读，还有些篇章会反复阅读。(yǒu xiē nèi róng wǒ zhǐ kàn dà biāo tí, yǒu xiē huì zǐ xì dú, hái yǒu xiē piānzhāng huì fǎn fù yuè dú)

Grammar: Pattern: 有些 ..., 有些 ..., 还有些 ...

19. 广告 guǎng gào advertisement
20. 收费 shōu fèi collect fees; charge
21. 相比 xiāng bǐ compare with　跟收费报纸相比，免费报纸上的广告有点儿多。(gēn shōu fèi bào zhǐ xiāng bǐ, miǎn fèi bào zhǐ shang de guǎng gào yǒu diǎnr duō)

Grammar: Pattern: 跟...相比

22. 唯 wéi only　唯一 wéi yī only
23. 扩（擴）kuò broaden　扩大 kuò dà broaden
24. 视野 shì yě field of vision
25. 增长 zēngzhǎng increase
26. 速 sù speed　速度 sù dù speed

看报不仅可以帮我扩大视野、增长知识，而且可以提高我的阅读速度。(kàn bào bù jǐn kě yǐ bāng wǒ kuò dà shì yě、zēngzhǎng zhī shi, ér qiě kě yǐ tí gāo wǒ de yuè dú sù dù)

27. 剪报 jiǎn bào cut out (useful information) from newspapers
28. 收集 shōu jí collect　我一看到好文章就把它剪下来，收集起来。(wǒ yí kàn dào hǎo wénzhāng jiù bǎ tā jiǎn xia lai, shōu jí qi lai)

122

1 用所给结构及词语看图完成句子

结构：地铁站出口有人派发免费报纸。

① 

公园里每天早晨都有人跑步。

② 

春节期间总是有人大吃大喝。

③ 

这次汉语考试有人得了100分。

④ 

我们学校每年都有人考上北京大学和清华大学。

2 用所给结构完成句子

结构：跟收费报纸相比，免费报纸上的广告有点儿多。

① 跟坐飞机相比，坐火车舒适多了。

② 跟数学老师相比，我们的汉语老师教得好多了。

③ 跟西餐相比，中餐菜式更多，味道更好。

④ 跟台北相比，上海地方大多了。

⑤ 跟电脑相比，手机的功能也很多。

⑥ 跟英语相比，我认为汉语更难学。

教学建议

- 老师可以通过画简笔画的方式先展示“处所＋有N＋动词”的结构，再展示“时间词＋有N＋动词”的结构。如先画出运动场，再画出一个人物，然后画出这个人的动作行为，一边画一边引导学生用目标结构描述。

第 1 题　补充练习

1. 游泳馆　游泳
2. 教室里　写作业
3. 健身房　锻炼
4. 周末　聚会
5. 下课　通知

教学建议

- 可以先复习简单的比较句，然后通过提问引出新的结构，比如“免费报纸比收费报纸更方便。——跟收费报纸相比，免费报纸怎么样？”再让学生通过替换熟悉新结构，完成练习。
- 注意“跟”可以替换成“和”。

第 2 题　补充练习

1. 跟看电影相比，……
2. 跟去年的夏令营相比，……
3. 跟你们小区相比，……

教学建议

■ 建议老师先让学生观察自己带到教室里来的报纸都有哪些信息，逐一列出，然后讨论如果制作一份校报或中文班报纸，应该包括哪些信息。

3 小组活动

要求 列出报纸为读者提供的信息。

- 时事
- 商品信息
- 漫画
- 天气预报
- 旅游
- 娱乐信息
- 时尚
- 财经信息
- 政治
- 体育新闻
- 文学
- 军事

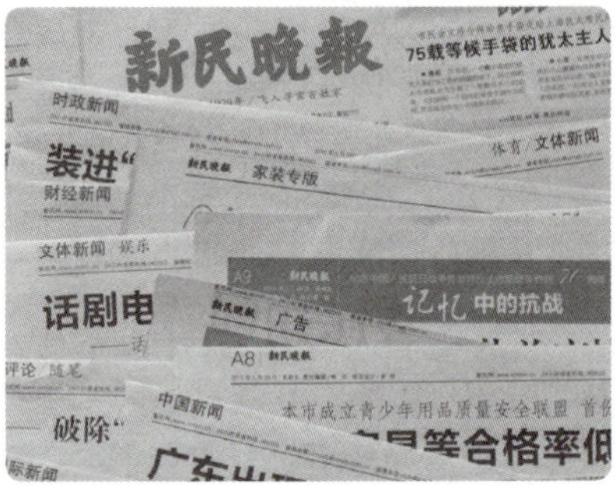

教学建议

■ 建议介绍一下中国人的"正"字统计方法，让学生在规定时间内至少采访5位同学的兴趣爱好，然后统计结果，用指定词语向全班汇报，如"几乎、对……感兴趣、跟……相比、有些"。

4 采访同学，向全班汇报

要求 调查你的同学对什么感兴趣，然后向全班汇报。

例子：

我问了十个同学。八个同学对体育运动感兴趣。他们几乎每天都做运动。两个男生对网络游戏非常感兴趣。他们用自己的零用钱（líng yòng qián）买了很多游戏。……

	人数		人数
1) 流行音乐		10) 体育明星	
2) 古典音乐		11) 体育运动	正丅
3) 时尚		12) 街舞（jiē wǔ）	
4) 国际象棋		13) 动漫（dòng màn）	
5) 手机游戏		14) 摄影（shè yǐng）	
6) 网络（wǎng luò）游戏	丅	15) 旅行	
7) 社交网		16) 做义工	
8) 电视剧（diàn shì jù）		17) 阅读	
9) 电影明星（míng xīng）		18) 其他	

课文 1

强强，你这些日子好像每天都看免费报纸。

对。有一天，地铁站出口有人派发免费报纸。我接过来一读，发现报上有很多不错的内容。

你一般看哪些内容？

我比较关心时事、政治，还会浏览体育、娱乐、时尚方面的新闻。报纸上的漫画和旅游专栏也很有意思。

免费报纸为什么受欢迎？

免费报纸方便读者阅读、携带，内容也非常全面。有些内容我只看大标题，有些会仔细读，还有些篇章会反复阅读。但是，跟收费报纸相比，免费报纸上的广告有点儿多。这是我唯一不喜欢的地方。

你觉得看报对你有哪些帮助？

看报不仅可以帮我扩大视野、增长知识，而且可以提高我的阅读速度。我现在还养成了剪报的习惯。我一看到好文章就把它剪下来，收集起来。我建议你下次坐地铁时也看看免费报纸。

教学建议

- 课文重点培养学生的口语交际能力。
- 听录音跟读后，可以让学生两两一组做对话练习。
- 老师可以通过提问检测学生对课文内容的熟悉情况。
- 建议让学生仿照课文内容说一说收费报纸的优点，要求用“跟……相比”“有些……”等结构。

5 用所给问题编对话

教学建议

- 可以采用轮换的方式进行问答训练：学生可以面对面站成两排，两两一组在规定时间里按题目顺序互相问答，时间到了以后都向右一步换新的问答对象，新的小组以速度较慢的一方为准继续问答，直到问完所有问题。
- 提醒学生使用“我喜欢、我最关心、我对……感兴趣”等表达方式。

1) 你看报纸吗？你一般看什么报纸？你对哪方面的内容感兴趣？

2) 你看中文报纸吗？看哪份报纸？你看得懂吗？

3) 你住的地方有免费报纸吗？要是有免费报纸，你还会花钱买报纸吗？

4) 看报对你有哪些帮助？

5) 如果在报上看到好文章，你会把它剪下来，收集起来吗？

6) 你喜欢看杂志吗？喜欢看什么杂志？你对杂志里哪方面的内容感兴趣？

7) 你喜欢看小说吗？你看过中文小说吗？请介绍一本你看过的中文小说。你会推荐（tuī jiàn）朋友看这本小说吗？为什么？

8) 你看网上的文章、小说吗？介绍一下你最近看的网上的文章或者小说。

你可以用

a) 我每天都看娱乐新闻，看有没有新电影、新歌等。

b) 我最关心美食方面的内容，因为我爱做饭，喜欢尝试做新的菜式。

c) 我的中文老师要求我们一看到好文章就剪下来，收集起来。

d) 我喜欢看小说，但我觉得中文小说有点儿难。我看一本中文小说大概要花一个月。

生词 2 (43)

❶ 侨（僑）qiáo foreign national　华侨 huá qiáo overseas Chinese

❷ 我每个暑假都去北京。我一方面是想多陪陪爷爷奶奶，另一方面是想学汉语。
wǒ měi ge shǔ jià dōu qù běi jīng. wǒ yì fāngmiàn shì xiǎng duō péi pei yé ye nǎi nai, lìng yì fāngmiàn shì xiǎng xué han yu.

Grammar: a) Pattern: 一方面 ..., 另一方面 ...
b) This pattern means "on the one hand..., on the other hand...".

❸ 拳 quán fist　太极拳 tài jí quán taijiquan　❹ 剑（劍）jiàn sword

❺ 产（產）chǎn produce　产生 chǎn shēng produce; generate　我对太极拳和太极剑产生了极大的兴趣。
wǒ duì tài jí quán hé tài jí jiàn chǎn shēng le jí dà de xìng qù.

❻ 晨 chén morning　早晨 zǎo chen (early) morning　❼ 一下子 yí xià zi all at once

❽ 群 qún a measure word (used for group, herd, swarm, flock); crowd　人群 rén qún crowd　❾ 迷 mí be fascinated by

❿ 让 ràng a particle　我一下子就让一群打太极拳的人迷住了。
wǒ yí xià zi jiù ràng yì qún dǎ tài jí quán de rén mí zhù le.

Grammar: a) "让" can be used in a passive sentence.
b) Sentence Pattern: Noun + 让 + Doer + Verb + Other Elements

⓫ 老年人 lǎo nián rén old people　⓬ 青年 qīng nián youth　青年人 qīng nián rén young people

⓭ 外国 wài guó foreign country　外国人 wài guó rén foreigner　⓮ 傅 fù teacher　师傅 shī fu master

⓯ 跟 gēn from; to　他们都在跟一位师傅学太极拳。
tā men dōu zài gēn yí wèi shī fu xué tài jí quán.

Grammar: Pattern: 跟 ... 学 ...

⓰ 经过 jīng guò after; through　⓱ 勤 qín diligent　勤学苦练 qín xué kǔ liàn study diligently and train hard

⓲ 长进 zhǎng jìn improve　大有长进 dà yǒu zhǎng jìn improved a lot　经过勤学苦练，我的太极拳大有长进。
jīng guò qín xué kǔ liàn, wǒ de tài jí quán dà yǒu zhǎng jìn.

⓳ 录（錄）lù record　录像 lù xiàng video　⓴ 传 chuán transmit　上传 shàngchuán upload

㉑ 余 yú sparetime　业余 yè yú sparetime　㉒ 强身 qiángshēn keep fit by physical exercise

㉓ 心情 xīn qíng mood　练太极拳和太极剑不仅可以强身健体，还可以放松心情。
liàn tài jí quán hé tài jí jiàn bù jǐn kě yǐ qiángshēn jiàn tǐ, hái kě yǐ fàngsōng xīn qíng.

生词教学

- 产生：一般和表示感情、新事物或人物的词语搭配使用。
- 一下子：用在句首或动词前作状语，表示短时间里发生某件事。
- 迷：表示喜欢时的常见结构为"A 迷上了 B"或者"A 被 B 迷住了"。
- 长进：一般搭配和学业、技艺、品德等有关的词语。
- 可以复习跟休闲娱乐有关的词语，如"打羽毛球"等。
- 可以利用录音、词语卡片、PPT 等方式练习生词。

6 用所给结构及词语完成句子 见参考答案

教学建议

- 结合例句，老师可以给出案例，如参加夏令营、和中国朋友发邮件等，启发学生从两个角度思考，并用“一方面……，另一方面……”来表述。

结构：最近几年，我每个暑假都去北京。我一方面是想多陪陪爷爷奶奶，另一方面是想学汉语。

① 要是想有健康的身体，……

均衡　饮食　适量　运动

② 通过养宠物，我……

培养责任心　学会管理时间

③ 经过一个月的汉语短训班，我……

提高　了解

④ 通过读报纸，他……

扩大　提高

7 小组活动

教学建议

- 可以让学生根据自己的喜好选择类别，结组完成任务。
- 可以让学生讨论一下可以增加哪些课外活动和原因。

要求 写出你们学校的课外活动。

① 体育运动		② 音乐	③ 其他
• 游泳	•	• 唱歌	• 下棋
•	•	•	•
•	•	•	•
•	•	•	•
•	•	•	•
•	•	•	•
•	•	•	•
•	•	•	•

第 6 题　参考答案

1. 一方面你要有均衡、合理的饮食习惯，另一方面还要做适量的运动。
2. 一方面培养了责任心，另一方面学会了管理时间。
3. 一方面提高了听、说、读、写四项技能，另一方面对中国的历史和文化有了更进一步的了解。
4. 一方面扩大了视野，增长了知识，另一方面提高了阅读速度。

8 小组讨论

要求 说一说今年你在哪些方面有长进。

例子：

学生 1： 我从小就学钢琴。今年妈妈为我请了一位新钢琴老师。她教得好极了，我学得也很努力。经过勤学苦练，我钢琴弹得比以前好多了，还考过了八级钢琴考试。

学生 2： 这个学期，我的汉语口语提高了不少。我的发音比以前准多了。

学生 3： 我篮球球技有了很大的长进。上个月我加入(jiārù)了学校的篮球队。

……

9 听课文录音，回答问题

1) 她是在哪里长大的？
在美国长大。

2) 她为什么每年暑假都去北京？
她一方面想多陪爷爷奶奶，另一方面想学汉语。

3) 在北京期间，她对什么产生了兴趣？
她对太极拳和太极剑产生了兴趣。

4) 在公园里，她让什么吸引住了？
她让一群打太极拳的人迷住了。

5) 她每天早上都去公园做什么？
学太极拳、太极剑。

6) 她在博客上介绍什么？
介绍她学太极拳的过程和体会。

7) 她在网上分享什么照片？
分享北京人晨练的照片。

8) 她认为练太极拳和太极剑有什么好处？
不仅可以强身健体，还可以放松心情。

教学建议

- 可以先综合复习一下比较句和表示进步的多种说法，如“提高、有进步、有长进”，然后再让学生两两一组谈论自己取得的进步，讨论后让学生介绍同伴的进步及原因。
- 建议老师对每个学生在汉语学习上的进步给予肯定。

教学建议

- 可以利用听力练习导入课文。
- 提醒学生边听课文边做笔记。
- 学生回答完问题后，可以让全班按照问题和老师的适量补充完成课文的复述。

教学建议

- 课文重点培养学生的书面语交际能力。
- 可以在讲解完课文后，让学生填写去掉了重点词语和核心语言点的课文，做完型填空。可以提供不同难度的完型填空让学生根据自己的水平自行选择。
- 可以让学生想象一下“我”是怎么和太极师傅说自己想学太极的或“我”在学习太极的过程中遇到了哪些困难。
- 建议让学生总结每个段落的主要内容，练习为课文列出提纲。

课文 2 44

我是在美国出生、长大的华侨(huá qiáo)。最近几年，我每个暑假都去北京。我一方面是想多陪陪爷爷奶奶，另一方面是想学汉语。在北京期间，我对太极拳(tài jí quán)和太极剑(jiàn)产生(chǎn shēng)了极大的兴趣。

三年前的一个早晨(zǎo chen)，爷爷带我去公园散步。我一下子(yí xià zi)就让(ràng)一群(qún)打太极拳的人迷(mí)住了。人群(rén qún)中有老年人(lǎo nián rén)、青年人(qīng nián rén)，还有外国人(wài guó rén)。他们都在跟(gēn)一位师傅(shī fu)学太极拳。后来，我每天早上都去那里学太极拳。我还跟那位师傅学了太极剑。

回到美国后我坚持打太极拳、练太极剑。经过勤学苦练(jīng guò qín xué kǔ liàn)，我的太极拳大有长进(dà yǒu zhǎng jìn)。我开了一个博客，介绍我学太极拳的过程和体会。我还把我拍的北京人晨练的照片和录(lù)像上传(xiàng shàng chuán)到网上跟朋友分享。

我觉得练太极拳和太极剑是很好的业余(yè yú)爱好，不仅可以强身(qiáng shēn)健体，还可以放松心情(xīn qíng)。

10 小组活动 见参考答案

要求　新科技影响着青少年的娱乐生活。上网查一查，在没有电脑、电视的年代，青少年的业余生活什么样？他们玩儿什么游戏？

以前青少年玩的游戏		
• 下棋	•	•
•	•	•
•	•	•
•	•	•

11 模仿例子，编对话

例子：

你：你的兴趣爱好是什么？

同学：我从小就喜欢画画儿。水彩画、油画和国画，我都画得不错。

你：你大学打算学美术专业吗？

同学：对。我以后想当画家。

你：你父母支持你这样做吗？

同学：开始时他们不太支持。后来……。你有什么兴趣爱好？

你：……

教学建议

- 建议让学生分小组在课下调查或采访父母，了解青少年业余生活在科技影响下发生的变化，选出以前和当下最流行的活动，制作成展板在学校展示，鼓励学校的师生为展板留言。

教学建议

- 建议把对话背景设置为"职业规划咨询会"，让学生分别扮演主持人和参加咨询会的将要毕业的学生，提醒学生从自己的兴趣爱好、职业规划、付出的努力和父母态度等角度编排对话。

第 10 题　参考答案

打弹子、造房子、滚铁环、跳橡皮筋、刮刮片、跳绳、踢毽子、老鹰捉小鸡、斗鸡、丢沙包

教学建议

- 建议先利用图片和关键词复习各种动补短语，再练习“让＋宾语＋动补短语”表示被动的用法。
- 注意“让”可以替换成“叫、被”。

第12题 补充练习

1. 图书馆的杂志 一个同学 弄丢
2. 我的房间 妈妈 收拾
3. 我 上海的风景 吸引

12 用所给结构及词语看图完成句子

结构：我一下子就让一群打太极拳的人迷住了。

① 

她的自行车让表哥借走了。

② 

妈妈做的蛋糕让弟弟吃光了。

③ 

那辆新买的玩具车让堂弟玩了。

④ 

她想买的那条连衣裙让别人买走了。

教学建议

- 可以通过限时比赛的方式让学生连词成句，看哪个小组速度最快、句子写得最好。
- 提醒学生参考课文中的相似句子。

13 用所给词语写句子 见参考答案

① 最近几年　游学
→

② 对……产生兴趣　中国文化
→

③ 通过　了解
→

④ 经过　勤学苦练
→

⑤ 写博客　分享
→

⑥ 长进　体会
→

第13题 参考答案

1. 最近几年我一直参加上海的游学计划。
2. 在北京期间，我开始对中国文化产生了兴趣。
3. 通过一个月的汉语强化训练，我一方面提高了汉语水平，另一方面对中国文化也有了一些了解。
4. 经过勤学苦练，她的太极拳大有长进。
5. 我经常写博客，分享我学太极剑的经历和体会。
6. 经过勤学苦练，我的太极拳大有长进。我还体会到练太极拳不仅能强身健体，还可以放松心情。

14 口头报告

要求 介绍你的新爱好。

例子：

我最近爱上了摄影。

去年生日，爸爸妈妈送了我一部数码相机。去年暑假，我们一家人游览了中国的好几个城市。我拍了几百张照片，其中有一些非常漂亮。从此（cóng cǐ），无论去哪儿旅行，我都负责（fù zé）拍照。我会把拍好的照片上传到社交网跟朋友们分享。我还会把其中特别漂亮的照片洗出来，摆在家里。上个月，我拍的风景照在市里的摄影比赛拿到了青少年组冠军。我高兴得不得了。

今年暑假，我们一家人要去张家界（zhāng jiā jiè）旅游。我打算……

你可以用

a) 我最近爱上了骑马。今年的学校活动周，我报名骑马。虽然这是我第一次骑马，但是我非常喜欢骑在马上的感觉。

b) 最近，我喜欢上了围棋（wéi qí）。今年春节，舅舅教我怎么下围棋。回到家后，妈妈给我买了一套围棋，让我练习。我还参加了围棋俱乐部（jù lè bù）。

c) 我现在最喜欢弹吉他。我跟几个同学组了一个乐队。放学后我们经常一起练习。

张家界

凤凰（fènghuáng）

内蒙古（nèi měng gǔ）

133

教学建议

- 建议老师组织一次小型的演讲比赛，让学生从介绍自己的爱好、产生这个爱好的原因、付出的努力、取得的成绩和以后的计划几个方面准备演讲内容。
- 建议老师制定出评分标准，可以的话请其他中文老师参与点评。

第十二课 关爱社会

教学目标

1. 理解和使用"为……做贡献""将""最让……的是"。
2. 询问他人或介绍自己做义工时的主要工作、遇到过的困难、体会和感受。
3. 写一次关于环保活动的短文，介绍活动内容、过程和收到的效果。
4. 探讨个人和学校如何在环境保护方面做出贡献或改进。
5. 初步了解中国在环境保护方面存在哪些问题，做出了哪些贡献或改进。

教学重点

1. 生词重点：段、活儿、何、成就感、同时、配合、刚好、赶上、随手、举办
2. 短语重点：社区服务、做义工、行动不便、除此之外、有成就感、做贡献、组织活动、举办成功、关掉空调、垃圾分类回收、随手关灯、养成好习惯
3. 语言点重点："为……做贡献""将""最让……的是"
4. 交际重点：谈论做义工的经历和感受。介绍一次环保活动，探讨个人和学校如何为环保做出贡献。

教学提示

1. 为……做贡献

"为"用来引入受益者，表示给……带来好处或有利的事情。

结构： 为 + 名词 / 动词短语 + 做贡献

示例： 做义工能够为社会做贡献。

大家都能够从自己身边的事情做起，为环境保护做贡献。

2. 将

用来表示处置，书面语色彩比较重。

结构： 主语 + 将 + 宾语 + 动词 + 其他成分

示例：我们将垃圾分类回收了。

他们将暑假游学计划做好了。

注意："将"可以替换成"把"。

3. 最让……的是

用来做某一方面的总结。

结构：最让 + 指人名词 + 形容词 + 的是 + 其他成分

示例：最让我们满意的是大家都非常积极地参与了活动。

最让妈妈感动的是我们每个人都赶回家为她庆祝生日。

教学流程

1. 建议通过学生分享自己做义工的经历导入本课话题。
2. 建议结合导入学习生词 1，完成练习 2，然后学习课文 1 并串讲语言点 1，就课文提问并结合练习 4、5 做扩展表达。
3. 建议先学习生词 2 和语言点 3、4，讨论练习 8，再听课文回答问题，完成角色扮演、小组活动和口头报告等练习。
4. 建议文化部分让学生上网查阅有关资料，从正反两面说一说中国在环境保护方面的情况，提出自己的意见和看法。

生词教学

- **段**：量词，可以修饰和时间、路程有关的词语。
- **活儿**：多指体力劳动，用于口语，量词为“个”，常和“干”搭配使用。注意儿化音。
- **何**：表示疑问，相当于“什么”；一般用于书面语或固定短语，如“从何做起、从何说起”。
- **成就感**：可以做词语扩展，如“责任感、好感、美感”等。
- **同时**：可以在动词前作状语，也可以和“在”构成“在……的同时”。
- 可以利用词语卡片、PPT 等方式练习生词。

第十二课　关爱社会

生词 1 (45)

1. shè qū 社区 community
2. jīng yàn 经验 experience
3. duàn 段 a measure word (used of a section)
4. lǎo rén yuàn 老人院 old people's home　lǎo rén yuàn 老人院 = yǎng lǎo yuàn 养老院
5. xíngdòng 行动 move about
6. bú biàn 不便 inconvenient
7. zì lǐ 自理 take care of oneself
   lǎo rén yuàn de lǎo rén yǒu xiē xíngdòng bú biàn, yǒu xiē bù néng zì lǐ.
   老人院的老人有些行动不便，有些不能自理。
8. zhěng 整 put in order　zhěng lǐ 整理 put in order
9. yī wù 衣物 clothing and other articles of daily use
10. má jiàng 麻将（將）mahjong　dǎ má jiàng 打麻将 play mahjong
11. tuī 推 push
12. lún yǐ 轮椅 wheelchair
13. shài 晒（曬）(of the sun) shine upon　shài tài yáng 晒太阳 sun bathe
14. jié 洁（潔）clean　qīng jié 清洁 clean
15. jiāo 娇（嬌）pamper　jiāo shēngguànyǎng 娇生惯养 be pampered and spoiled
16. huór 活儿 work　gàn huór 干活儿 do manual labour
17. hé 何 what; where; who
   wǒ zài jiā bǐ jiào jiāo shēngguànyǎng, bú huì gàn huór, suǒ yǐ kāi shǐ shí bù zhī dào yīng gāi cóng hé zuò qǐ.
   我在家比较娇生惯养，不会干活儿，所以开始时不知道应该从何做起。
18. chéng 成 achievement
19. jiù 就 complete　chéng jiù 成就 accomplishment　chéng jiù gǎn 成就感 sense of accomplishment
   wǒ fēi cháng yǒu chéng jiù gǎn.
   我非常有成就感。
20. gǎn shòu 感受 feel
21. guān chá 观察 observe
22. gū 孤 lonely　gū dú 孤独 lonely
23. guān ài 关爱 love and care
24. yì 益 benefit　gōng yì 公益 public welfare
   wǒ men qīng nián rén yīng gāi duō zuò gōng yì huó dòng.
   我们青年人应该多做公益活动。
25. jīn hòu 今后 from now on
26. yì yì 意义 meaning
   zuò yì gōng shì yí jiàn hěn yǒu yì yì de shì.
   做义工是一件很有意义的事。
27. tǐ yàn 体验 learn through experience
28. tóng shí 同时 at the same time
29. huì 会 society　shè huì 社会 society
30. gòng 贡（貢）tribute
31. xiàn 献（獻）offer　gòng xiàn 贡献 contribution
   zuò yì gōng ràng wǒ zài tǐ yàn shēng huó de tóng shí yě wèi shè huì zuò le gòng xiàn.
   做义工让我在体验生活的同时也为社会做了贡献。

Grammar: Pattern: 为 ... 做贡献

1 用所给结构及词语看图完成句子

结构：做义工让我在体验生活的同时也为社会做了贡献。

①

学中文　了解中国历史

→ 在中国旅行让我在学中文的同时也了解了中国的历史。

②

培养爱心　提高时间管理能力

→ 养宠物让我在培养爱心的同时提高了时间管理能力。

③

了解时事　提高汉语水平

→ 看中文报纸让他在了解时事的同时也提高了汉语水平。

2 小组活动

要求　写出你可以为老人院和老人们做的事。

为老人院做的事		为老人们做的事	
• 擦地	•	• 整理衣物	•
•	•	•	•
•	•	•	•

教学建议

- 可以在这个语言点向学生介绍“一举两得”这个成语，让学生思考自己做过哪些“一举两得”的事情，然后用“在……的同时”表述。

第 1 题　补充练习

1. 学习摄影　扩大视野　认识新朋友
2. 乘坐火车出行　省钱　欣赏路边的风景
3. 在学校餐厅吃饭　省时间　营养

教学建议

- 可以先比赛说一说自己会做的家务活，然后再讨论可以为老人院和老人们做的事情，比一比谁是最称职的义工。

3 用所给结构完成句子

教学建议

- 可以在串讲生词的时候完成句子仿写。

① 老人院的老人有些行动不便，有些不能自理。

我们学校的学生，有些是中国人，有些是外国人。

② 我在家比较娇生惯养，不会干活儿。

我在学校我在学校学习很努力，汉语学得不错。

③ 通过做义工我体会到了帮助别人的快乐。

通过参加汉语强化班，我体会到只要多说多练就能学好汉语。

④ 在做义工的过程中，我观察到这些老人都挺孤独的。

在学习汉语的过程中，我发现汉字有点儿难记。

4 用所给问题编对话

教学建议

- 学生可以三到四人一组轮流问答，并对小组成员的回答作总结和汇报。
- 建议老师提供一份记录表格，提醒学生一边提问一边记录。

1) 你在家娇生惯养吗？你在家一般干什么家务？

2) 你以前做过义工吗？你第一次做义工是什么时候？在哪儿？在做义工的过程中，你有哪些体会、感受？

3) 你明年想做义工吗？你想去哪里做义工？你想做什么？每周想做多长时间？

课文 1 46

你有做义工或者社区(shè qū)服务的经验(jīng yàn)吗？

最近一段(duàn)时间，我在一家老人院(lǎo rén yuàn)做义工。

你主要做什么工作？

那里的老人有些行动不便(xíng dòng bú biàn)，有些不能自理(zì lǐ)。我帮他们整理(zhěng lǐ)衣物(yī wù)，陪他们打麻将(má jiàng)，给他们读报，还推(tuī)着坐轮椅(lún yǐ)的老人出去晒太阳(shài tài yáng)。除此之外，我还为养老院(yǎng lǎo yuàn)擦地，做一些清洁(qīng jié)工作。

在做义工的过程中，你遇到了哪些困难？

我在家比较娇生惯养(jiāo shēng guàn yǎng)，不会干活儿(gàn huór)，所以开始时不知道应该从何(hé)做起。后来我慢慢学习照顾他们，非常有成就感(chéng jiù gǎn)。

在做义工的过程中，你有哪些体会、感受(gǎn shòu)？

通过做义工我体会到了帮助别人的快乐。另外，在做义工的过程中，我观察(guān chá)到这些老人都挺孤独(gū dú)的。我们青年人应该多关爱(guān ài)他们，应该多做公益(gōng yì)活动。

你今后(jīn hòu)还会继续做义工吗？

我会坚持做下去。做义工是一件很有意义(yì yì)的事，让我在体验(tǐ yàn)生活的同时(tóng shí)也为社会(shè huì)做了贡献(gòng xiàn)。

137

教学建议

- 课文重点培养学生的口语交际能力。
- 听录音跟读后，可以让学生两两一组做对话练习。
- 老师可以通过提问检测学生对课文内容的熟悉情况。

教学建议

- 可以先让学生把课文和自己在练习 4 编排的对话做一下对比，再做练习 5。
- 建议老师请做过义工的学生或学校负责义工工作的老师介绍一些应聘义工时常见的问题，帮助学生熟悉对话背景。然后让学生两两一组扮演院长和义工练习对话，并在班上表演，请学生们互相评价。

5 角色扮演

情景 你想去老人院做义工。你去见老人院的院长。院长可能问以下问题。

1) 你是怎么知道我们需要义工的？
2) 你为什么想来老人院做义工？
3) 你写申请信了吗？我们需要两位了解你的人为你写推荐(tuī jiàn)信(xìn)。你打算请谁写推荐信？
4) 你以前做过义工吗？你有社区服务的经验吗？
5) 你以前组织(zǔ zhī)过什么活动？你能为老人院做什么？
6) 你一周想做几次义工？一次想做几个小时？

你可以用

a) 我是在免费报纸上看到你们招(zhāo)义工的广告的。
b) 通过做义工，我希望学会管理时间，培养责任心和耐心。
c) 我写了申请，昨天已经发给您了。我还印(yìn)了一份带过来。
d) 我去年跟二十个同学一起在一家老人院做过义工。我们在那里做了一个星期义工。
e) 我是学校慈善小组的组长。我组织过学校的义卖(yì mài)活动。

例子：

你：高院长，您早！非常感谢您抽时间见我。

院长：很高兴你想来我们养老院做义工。你是怎么知道我们需要义工的？

……

生词 2 (47)

huánbǎo　　　　chénggōng　　　pèi　　pèi hé
❶ 环保 environmental protection　❷ 成功 successful　❸ 配 mix　配合 coordinate

dàngtiān　　　sù shí　　　cān tīng gēn wǒ men pèi hé　dàngtiān zhǐ mài sù shí
❹ 当天 the same day　❺ 素食 vegetarian diet　餐厅跟我们配合，当天只卖素食。

gāng hǎo　　　gǎn shàng
❻ 刚好 happen to　❼ 赶上 come across

dì qiú　　zhōu èr gāng hǎo gǎn shàng　dì qiú yì xiǎo shí　rì
❽ 地球 the earth　周二刚好赶上“地球一小时”日。

guān　　　diào
❾ 关 turn off, close　❿ 掉 ...away

diàndēng　　shàng wǔ jiǔ diǎn dào shí diǎn wǒ men qǐng xué xiào guān diào le suǒ yǒu de diàndēng hé kōng tiáo
⓫ 电灯 electric light　上午九点到十点我们请学校关掉了所有的电灯和空调。

jié　　jié néng　　yuē　　jié yuē
⓬ 节 save　节能 save energy　⓭ 约 economical　节约 save

sù　　sù liào　　yí cì xìng　　sháo　　sháo zi
⓮ 塑 plastics　塑料 plastics　⓯ 一次性 only once　⓰ 勺 spoon　勺子 spoon

cān jù　　cān tīng bù tí gōng yí cì xìng de sù liào dāo　chā zi　sháo zi děng cān jù
⓱ 餐具 tableware　餐厅不提供一次性的塑料刀、叉子、勺子等餐具。

huí shōu　　zhōu sì hé zhōu wǔ shì lā jī fēn lèi huí shōu rì
⓲ 回收 recycle　周四和周五是垃圾分类回收日。

guàn　　fèi　　fèi zhǐ　　dài　　bō li
⓳ 罐 tin　⓴ 废（廢）waste　废纸 waste paper　㉑ 袋 bag　㉒ 玻璃 glass

jiāng　　tóng xué men yào jiāng suǒ yǒu yǐn liào guàn　fèi zhǐ　sù liào dài　bō li píng děng fēn lèi fàng jìn huí shōu xiāng
㉓ 将 a particle　同学们要将所有饮料罐、废纸、塑料袋、玻璃瓶等分类放进回收箱。

▲ Grammar: **Sentence Pattern: Subject + 将 + Object + Verb + Other Elements**

mǎn　　mǎn yì　　zuì ràng wǒ men mǎn yì de shì xué xiào de lā jī bǐ yǐ qián shǎo le
㉔ 满（滿）satisfied　满意 satisfied　最让我们满意的是学校的垃圾比以前少了。

▲ Grammar: **Sentence Pattern: 最让 + Someone + Adjective + 的是 + ...**

suí shǒu　　jǔ　　jǔ bàn　　zài yòng
㉕ 随手 conveniently　㉖ 举（舉）initiate　举办 hold; run　㉗ 再用 reuse

wǒ men yīng gāi jīng cháng jǔ bàn huán bǎo huó dòng　ràng tóng xué men màn màn yǎng chéng jié yuē　zài yòng　huí shōu de hǎo xí guàn
我们应该经常举办环保活动，让同学们慢慢养成节约、再用、回收的好习惯。

生词教学

- **配合**：既可以直接带表示对象的宾语，也可以和“跟”搭配使用，构成“跟＋宾语＋配合”。
- **刚好**：一般用在动词、形容词前作状语，也可以单独使用。
- **赶上**：动补结构的离合词，可以插入“得／不”等其他成分，还可以带宾语。
- **随手**：一般放在动词前，表示顺便。还可以复习和“随”有关的词语，如“随时、随地、随着”。
- **举办**：一般搭配和活动有关的词语，如“宴会、比赛、舞会”等。
- 可以利用词语卡片、PPT等方式练习生词。

6 用所给结构及词语写句子

结构：同学们要将所有饮料罐、废纸、塑料袋、玻璃瓶等分类放进回收箱。

① 体会　写　博客
老师让同学们将做义工的体会写到博客上。

② 录像　上传　网上
我们将足球比赛的录像上传到网上。

③ 作文　贴　墙上
老师将优秀学生的作文贴在班级的墙上。

④ 好文章　剪　收集
他经常将好文章剪下来收集。

教学建议

- 建议先复习“把”字句，然后再让学生用替换法练习“将”的用法，提醒学生“将”一般用作书面语，比较正式。

第6题　补充练习

1. 照片　打印出来
2. 客厅　布置好
3. 暑假计划　商量好

7 用所给结构及词语看图完成句子

结构：一周下来，最让我们满意的是学校的垃圾比以前少了。

①

夏令营期间……

②

春节期间……

③

一个学期下来，……

④

高中快毕业了，……

教学建议

- 可以结合题目3，让大家说一说这个学期自己有哪些开心的事情，最开心的是哪件事，然后仿照例句用“最让……的是”表述。

第7题　补充练习

1. 搬到新小区的半年里……（担心）
2. 住在姨妈家的时候……（兴奋）
3. 学游泳的时候……（害怕）

8 小组活动

要求 写出你们学校在环保方面做得不好的地方。

学校餐厅

- 提供一次性餐具，比如塑料刀、叉子和勺子
-
-
-
-
-

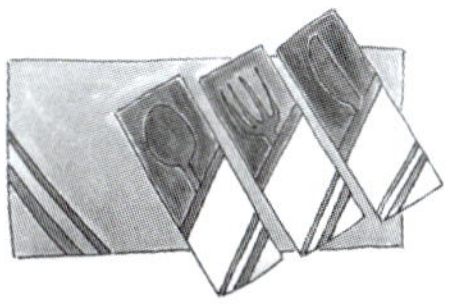

学生

- 不随手关灯
-
-
-
-
-
-

9 听课文录音，回答问题

1) “环保周”活动办得怎么样？
“环保周”活动办得非常成功。

2) 上周一餐厅只卖什么食品？
只卖素食。

3) 上周二是什么日子？
“地球一小时”日。

4) 上周二学校为什么要关掉电灯和空调？
让同学们体验没有电的感受，认识节能环保的重要性。

5) 平时餐厅提供什么餐具？
一次性餐具。

6) 上周四和周五学生要做什么？
将所有饮料罐、废纸、塑料袋、玻璃瓶等分类放进回收箱。

7) 现在很多学生会自备什么上学？
水瓶。

8) 为什么应该经常举办环保活动？
因为经常举办环保活动可以让同学们慢慢养成节约、再用、回收的好习惯。

教学建议

- 建议将练习布置为书面报告。请学生采访学校的师生和自己观察学校环保工作上的问题，整理成一份书面报告提交给老师。鼓励学生结合问题提出自己的一些建议和办法。

教学建议

- 可以利用听力练习导入课文。
- 提醒学生边听课文边做笔记。
- 学生回答完问题后，可以让全班按照问题和老师的适量补充完成课文的复述。

教学建议

- 课文重点培养学生的书面语交际能力。
- 可以在讲解完课文后，让学生按照“环保周”每天的活动安排制作一份表格。
- 建议让全班从广播站或学校记者的角度写一篇简短的新闻，报道“环保周”活动。

课文 2 48

上个星期我们在全校组织了一个“环保(huán bǎo)周”活动。这个活动办得非常成功(chénggōng)。

周一是“绿色星期一”——无肉日。餐厅跟我们配合(pèi hé)，当天(dàng tiān)只卖素食(sù shí)。周二刚好赶上(gāng hǎo gǎn shàng)“地球(dì qiú)一小时”日。上午九点到十点我们请学校关掉(guān diào)了所有的电灯(diàn dēng)和空调，让同学们体验没有电的感受，认识节能(jié néng)环保的重要性。周三是无塑料(sù liào)日。餐厅不提供一次性(yí cì xìng)的塑料刀、叉子、勺子(sháo zi)等餐具(cān jù)。周四和周五是垃圾分类回收(huí shōu)日。同学们要将(jiāng)所有饮料罐(guàn)、废纸(fèi zhǐ)、塑料袋(dài)、玻璃(bō li)瓶等分类放进回收箱。

一周下来，最让我们满意(mǎn yì)的是学校的垃圾比以前少了，自备水瓶的同学比以前多了，随手(suí shǒu)关灯、关空调的同学也比以前多了。我们应该经常举办(jǔ bàn)环保活动，让同学们慢慢养成节约(jié yuē)、再用(zài yòng)、回收的好习惯。

情景1　你建议班主任把每个月的第一个星期定为“环保周”。

例子：

你：我建议把每个月的第一个星期定为我们班的“环保周”。

老师：听起来不错。你有什么想法？

你：星期一我们可以……

老师：星期二呢？

你：……

老师：星期三呢？

你：……

老师：很好。星期四呢？

你：……

老师：那星期五呢？

你：……

老师：我支持你。我应该怎么配合你？

你：……

老师：没问题。那我们从下个月开始组织“环保周”活动吧！

你：……

情景2　经过几次“环保周”活动，同学们养成了一些好习惯。

例子：

同学1：我觉得我们班“环保周”活动的效果不错。

同学2：对。我现在离开教室以前会先把灯、电扇和空调都关掉。

同学1：……

同学2：我现在自己带玻璃饭盒、叉子和勺子，不用学校餐厅提供的一次性餐具了。

同学1：……

同学2：我每天都自备水瓶上学，很少买瓶装水了。

同学1：……

同学2：我还在我家的厨房里放了几个回收箱，回收废纸、玻璃、塑料等。

同学1：……

同学2：为了少用塑料袋，现在我去超市买东西时都会自备购物袋。

同学1：……

教学建议

- 建议学生以小组为单位，先制订一份环保方面的活动计划，列出周一到周五想要组织的活动，然后再编排对话。
- 建议每个小组表演完自己的对话后，请其他小组的学生说一说这个小组的活动结束后自己可以养成哪些好习惯，完成情景2的对话任务。

教学建议

- 建议老师通过提问的方式帮助学生理解"刚好赶上"的用法。
- 建议把扩展练习设置成"最幸运的人"，让学生先说一说自己恰好遇到过的事情，如"买家具的那天是沙发节，去旅游的那天是全国旅游日"，用"刚好赶上"进行表述，互相评价一下谁是班上最幸运的人。

11 用所给结构完成句子

结构：周二刚好赶上"地球一小时"日。上午九点到十点我们请学校关掉了所有的电灯和空调，让同学们体验没有电的感受。

① 今天刚好赶上"绿色星期一"——无肉日。学校餐厅只卖素食。

② 今年妈妈的生日刚好赶上母亲节。我和爸爸一起给妈妈买了生日礼物和母亲节礼物。

③ 你这次来香港刚好赶上过春节。我建议你和我们一起体验一下香港人是怎么过春节的。

④ 我昨天去逛街刚好赶上商场大减价。我买了很多衣服和鞋。

教学建议

- 建议将练习12和练习13放在一起完成，先让学生从"节约"和"再利用"两个方面思考大家可以做的事情，列出清单并制作宣传单和标语。

12 小组活动

要求 环保要从身边的小事做起。小组讨论怎么才能把环保工作做得更好。

节约用水的方法	节约用电的方法	可以再用的东西	可以回收的东西
• 洗手时不要一直开着水龙头 (shuǐ lóng tóu)	• 随手关灯	• 玻璃瓶	• 废纸
•	•	•	•
•	•	•	•
•	•	•	•
•	•	•	•
•	•	•	•

13 口头报告

要求 自我反省，争取在环保方面做得更好。

例子：

环保是每个人的责任，应该从我做起，从身边的小事做起。

从今天开始，离开房间时我会随手关灯、关空调、关电扇。我会注意不用或者少用一次性物品：购物时自备购物袋，少用塑料袋；外出时自备水瓶，不买瓶装水。扔垃圾前我会先把垃圾分类，将废纸、塑料袋、塑料瓶、玻璃瓶等扔进回收箱。

相信我会慢慢养成节约、再用、回收的好习惯，在环保方面做得更好。

你可以用

a) 以前我在环保方面做得不太好，从现在开始我要更加注意保护环境。

b) 开空调的时候，我会关上房间的门和窗户。我不会把空调温度开得太低。

c) 我会把旧衣服放进回收箱。

d) 我会节约用纸。我还会把看过的报纸、用过的练习本放进回收箱。

e) 我会将厨房垃圾和可以回收的物品分类。

回收

玻璃瓶　铝罐　废纸　塑料

教学建议

- 建议老师组织一次“环保倡议书”活动，让学生分小组讨论自己在环保方面可以做的事情，然后把不环保的行为和环保的行为录制成对比视频，上传到学校网站，发起一次环保倡议。